Düsseldorf auf einen Blick

0 — 500 m

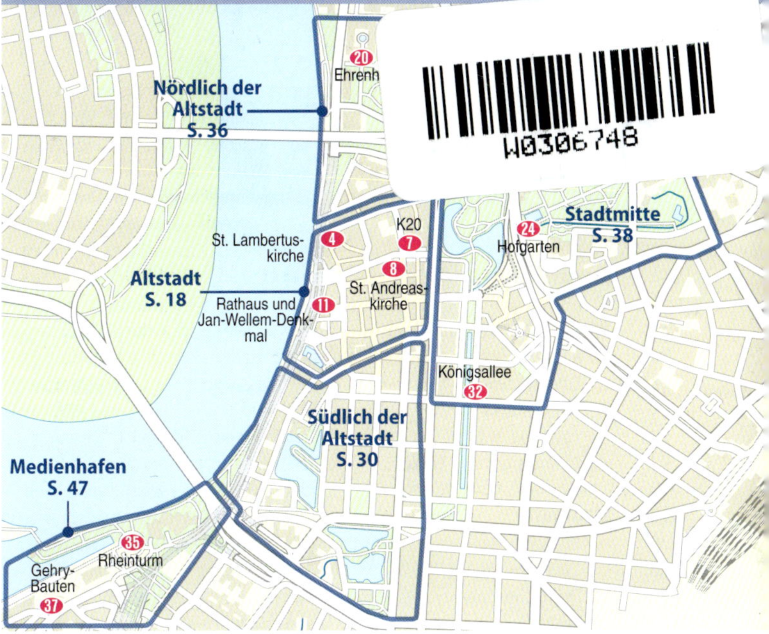

Inhalt

Liebe Leserinnen und Leser,

die Inhalte aus diesem CityTrip wurden detailliert recherchiert und gewissenhaft kontrolliert. Allerdings bringt die Corona-Pandemie manche Unwägbarkeiten mit sich – auch in Düsseldorf. Da bis zum Redaktionsschluss noch nicht im Detail absehbar war, wie sich diese Krise auf das wirtschaftliche, kulturelle und soziale Leben in der Stadt auswirken wird, kann es unter Umständen passieren, dass einzelne im Buch aufgeführte Angebote, insbesondere im gastronomischen Bereich, nur noch eingeschränkt oder gar nicht mehr existieren.

Trotz dieser Unwägbarkeiten soll der CityTrip Düsseldorf stets auf dem aktuellsten Stand sein. Deshalb bitten wir Sie, den Verlag über mögliche Veränderungen zu informieren, damit wir sie über die Update-Funktion zum Buch (s. S. 143) allen Nutzern bereitstellen können.

Vielen Dank!

Zeichenerklärung

★★★ nicht verpassen
★★ besonders sehenswert
★ wichtig für speziell interessierte Besucher

[A1] Planquadrat im Kartenmaterial. Orte ohne diese Angabe liegen außerhalb unserer Karten. Ihre Lage kann aber wie die von allen Ortsmarken mithilfe der begleitenden Web-App angezeigt werden (S. 143).

Updates zum Buch

www.reise-know-how.de/citytrip/duesseldorf21

Vorwahlen

- **Deutschland:** 0049
- **Düsseldorf:** 0211

Düsseldorf ist eine Großstadt, die sich ständig verändert. Der obere Bereich der Königsallee wurde neu gestaltet (s. S. 113), wodurch sie nun mit dem Hofgarten, der grünen Lunge Düsseldorfs, verbunden ist. Ebenfalls mitten in der Stadt entstanden der sogenannte Kö-Bogen nach Plänen des Architekten Daniel Libeskind und in einem zweiten Bauabschnitt der Kö-Bogen II, der vom Architekten Christoph Ingenhoven (s. S. 113) konzipiert wurde.

Schauspielhaus wieder eröffnet

Über mehrere Jahre hinweg ist das Stammhaus am Gustaf-Gründgens-Platz saniert worden und das Schauspiel musste mit Ausweichquartieren vorliebnehmen. 2020 – zum 50-jährigen Bestehen des Hauses – öffnete es wieder seine Türen (s. S. 91).

Frühstück den ganzen Tag

Das The Seven Sundays in der Lorettostraße in Unterbilk bietet Frühstück vom Morgen bis zum Abend. Gewählt werden kann zwischen mehreren Varianten, auch vegetarisch. Danach lohnt sich ein Spaziergang durch die Lorettostraße mit ihren kleinen schönen Geschäften (s. S. 84).

Schlemmen am Hofgarten

Österreichische Küche gibt es im Restaurant Rubens, nur ein paar Schritte vom Hofgarten entfernt (s. S. 81).

Hoteltipp

Das Hotel Townhouse Düsseldorf ist nur einen Katzensprung von der Altstadt, dem Rheinufer und der Königsallee entfernt. Die meisten Zimmer verfügen über eine kleine Küchenzeile (s. S. 127).

078df Abb.: as©SergiyN

Christine Krieb

CITY|TRIP DÜSSELDORF

Nicht verpassen!

Karte S. 3

4 St. Lambertuskirche [J15]
Die älteste Kirche der Stadt hat eine reich gefüllte Schatzkammer, einen Hochaltar mit Marienbild und die Gebeine des heiligen Apollinaris zu bieten (s. S. 21).

7 K20 – Kunstsammlung Nordrhein-Westfalen [J15]
Das K20 ist eines der wichtigsten Museen für Kunst des 20. Jh. Der Schwerpunkt liegt auf der Malerei der westeuropäischen und amerikanischen Moderne (s. S. 23). Eine Dependance für die Kunst des 21. Jh. befindet sich im Ständehaus (siehe 15).

8 St. Andreaskirche [J16]
Die wohl prächtigste Kirche Düsseldorfs wurde im Stil des süddeutschen Barock erbaut. Herzog Wolfgang Wilhelm ließ das katholische Gotteshaus während des 30-jährigen Krieges im 17. Jh. in nur sieben Jahren errichten (s. S. 24).

11 Rathaus und Jan-Wellem-Denkmal [J16]
Unter Kurfürst Johann Wilhelm II., dessen Denkmal auf dem Marktplatz steht, erlebte Düsseldorf seine kulturelle Blüte. Das Rathaus hat vor allem während des Karnevals eine wichtige Funktion (s. S. 28).

20 Ehrenhof [J14]
Der Ehrenhof wurde in den 1920er-Jahren anlässlich einer großen Messe angelegt und beherbergt heute mehrere Museen und Sammlungen (s. S. 37).

24 Hofgarten [K15]
Die grüne Lunge entstand im 18. Jh. unter Kurfürst Carl Theodor und war der erste öffentliche Park in Deutschland (s. S. 40).

32 Königsallee [K17]
Die eleganteste Einkaufsstraße der Stadt wurde Anfang des 19. Jh. an dieser Stelle geschaffen. 1851 erhielt sie aufgrund eines denkwürdigen Ereignisses ihren heutigen Namen (s. S. 45).

35 Rheinturm [H18]
Das höchste Bauwerk Düsseldorfs wurde 1981 als Fernmeldeturm der ehemaligen Deutschen Bundespost im Medienhafen errichtet. Der Blick von oben über Düsseldorf ist sagenhaft (s. S. 50).

37 Gehry-Bauten [G19]
Die drei Gebäude des Architekten Frank O. Gehry fallen aufgrund ihrer krummen und schiefen Wände auf. Mit ihrer „tanzenden" Architektur waren sie der Startschuss für weitere Bauten renommierter Architekten im Hafen (s. S. 51).

Leichte Orientierung mit dem cleveren Nummernsystem

Die Sehenswürdigkeiten sind im Text und im Kartenmaterial mit derselben **magentafarbenen ovalen Nummer** 1 markiert. Alle anderen Lokalitäten wie Geschäfte, Restaurants usw. tragen ein **Symbol und eine fortlaufende rote Nummer** (1). Die Liste aller Orte befindet sich auf S. 140, die Zeichenerklärung auf S. 143.

DÜSSELDORF
FESTIVAL!
Das Highlight im September!
DÜSSELDORF
FESTIVAL!
WWW.DUESSELDORF-FESTIVAL.DE

DÜSSELDORF ENTDECKEN

Willkommen in Düsseldorf

Düsseldorf ist für seine kurzen Wege bekannt. Startpunkt für eine Besichtigungstour und zentraler Verkehrsknotenpunkt ist die U-Bahn-Haltestelle Heinrich-Heine-Allee. Von hier kommt man bequem zu Fuß zu den wichtigsten Sehenswürdigkeiten.

Die Altstadt ist eine reine Fußgängerzone. Der mittelalterliche Kern der Stadt um die **St. Lambertuskirche** 4 und den Stiftplatz sowie später bebaute Gegenden wie der **Burgplatz** 1, der Marktplatz mit dem **Rathaus** 11 oder der **Carlsplatz** 12 sind gut zu Fuß zu erkunden und hier konzentrieren sich auch die touristischen Highlights. Ein Orientierungssystem erleichtert dem Besucher den Weg durch die Stadt. **Wegweiser** an den einzelnen Sehenswürdigkeiten erklären den Weg von einem Ort zum anderen und geben erste Informationen. Vor allem in der **Bolkerstraße** [J16] mit ihren vielen Kneipen, Pubs und Restaurants ist immer etwas los. Nicht umsonst wird die Altstadt auch als „längste Theke der Welt" bezeichnet. Südlich davon erstreckt sich die Carlstadt mit der **St. Maximiliankirche** 13 und dem **Stadtmuseum** (s. S. 70). Direkt an der Haltestelle Heinrich-Heine-Allee, dem zentralen Verkehrsknotenpunkt für U- und Straßenbahnen, befinden sich das **Carsch-Haus** 22 und schräg gegenüber das **Wilhelm-Marx-Haus** 21, in dem früher die Börse untergebracht war. Nur ein paar Meter weiter erreicht man bereits die **Königsallee** 32, die Shoppingmeile Düsseldorfs, die sich durch exklusive Geschäfte und zahlreiche Einkaufspassagen auszeichnet. Durch eine der Einkaufspassagen, die Kö-Galerie (s. S. 95), kommt man zur Berliner Allee 29, die parallel zur Königsallee verläuft, und schließlich dann zur **Immermannstraße** [L16–M17], dem Zentrum der japanischen Gemeinde der Stadt.

Nördlich der Altstadt befinden sich der **Ehrenhof** 20, ein altes Messegelände, das heute mehrere Museen und Sammlungen beherbergt. Als Erstes ist die Tonhalle 19 mit ihrer runden Kuppel zu erkennen, dann folgt der Ehrenhof-Komplex mit seinen Museen. Noch weiter nördlich gelegen sind der **Nordpark** mit **Aquazoo-Löbbecke Museum** 40 und noch weiter nördlich der Stadtteil **Kaiserswerth** 41 mit seinem historischen Kern (die beiden letztgenannten sind mit der U-Bahn zu erreichen).

Interessant ist auch der Blick in eines der In-Viertel Düsseldorfs wie z. B. **Unterbilk**, das nur einen Katzensprung vom Medienhafen (s. S. 47) entfernt ist, oder das Trendviertel **Flingern** im Nordosten der Stadt. Die Mischung machts und die ist hier äußerst gelungen: Läden, Kunstgalerien, Ateliers, Boutiquen, Handwerksbetriebe, Restaurants und Cafés liegen nebeneinander und geben dem Viertel sein besonderes Flair. Flingern ist eines der ältesten Viertel Düsseldorfs. Über mehrere Jahrhunderte hinweg war es vor allem landwirtschaftlich geprägt und spielte eher eine untergeordnete Rolle. Dies änderte sich jedoch im 19. Jh. mit der **In-**

Vorseite: Eine hervorragende Möglichkeit, die Stadt zu erkunden, bietet eine Fahrt mit dem Schiff auf dem Rhein (s. S. 125)

011df Abb.: hg

dustrialisierung. Flingern wurde zum Arbeiter- und Handwerkerviertel mit eher dichter Besiedlung. Das Städtische Gaswerk, die Kokerei für Gasgewinnung und die Müllverbrennungsanlage entstanden, was zu einer hohen **Umweltbelastung** führte. In den 1980er-Jahren war Flingern daher wenig angesehen. Viele Familien, vor allem die mit Kindern, zogen weg, Geschäfte mussten aufgeben, Wohnungen und Geschäfte standen auf einmal leer. Wegen der billigen Miete zog es schließlich viele Künstler in das Viertel und Ende der 1980er-Jahre wurde dann eine **Rauchgasentschwefelungsanlage** gebaut und die Luft damit wieder sauberer. Nach den Künstlern zog es auch wieder Ladenbesitzer und Gastronomen ins Viertel. Ehemalige Gebäude wurden umfunktioniert, wie man z.B. in der Lindenstraße 182 sehen kann: Dort wurde eine hydraulische Fabrik zu dem Blumenladen Dornrose (s.S. 99) und der hintere Teil des Gebäudes zur renommierten Galerie Schönewald und Beuse (s.S. 73) umgewandelt. Viele der **Häuserfassaden** aus der Jahrhundertwende sind renoviert worden. Viele **Designer** und **Künstler** haben hier ihre Werkstätten und Ateliers und Flingern ist inzwischen zu einem der angesagtesten Viertel Düsseldorfs geworden – was an den steigenden Mietpreisen deutlich zu erkennen ist. Die Hauptader des Viertels ist die Ackersstraße, die sich als wichtigste Einkaufsstraße mit kleinen Geschäften abseits des Mainstream

Die Spanische Treppe führt zum Burgplatz mit dem Schlossturm ❶ durch das Viertel zieht. Auch eine rege Gastronomieszene ist hier entstanden. Viele Cafés mit Terrassen beleben das Viertel.

Besuchenswert ist auch **Schloss Benrath** 45 im Süden Düsseldorfs, das allerdings nur mit öffentlichen Verkehrsmitteln zu erreichen ist. Es ist als Sommerresidenz für Kurfürst Carl Theodor von der Pfalz in der zweiten Hälfte des 18. Jh. errichtet worden und liegt inmitten eines ausgedehnten Parks.

Düsseldorf wird vom Rhein durchzogen. Das eigentliche Stadtzentrum mit seinen Sehenswürdigkeiten befindet sich auf der rechten Rheinseite und erst durch Eingemeindungen kamen 1909 auch linksrheinische Gebiete dazu. So z. B. **Oberkassel** 42, das besonders bei den japanischen Einwohnern beliebt ist. Hier befindet sich auch das **EKO-Haus** 43, das japanische Kulturzentrum mit buddhistischem Tempel und Zen-Garten.

Die Living Bridge (s. S. 53) verbindet die beiden Hafenufer

Kurztrip nach Düsseldorf

Auf einem Kurztrip kann man die schönsten Seiten der Altstadt kennenlernen, Museen besuchen, auf der Königsallee einkaufen, im japanischen Viertel Sushi probieren und die Rheinuferpromenade entlang in den Medienhafen, bekannt für seine innovative Architektur, spazieren. Mit der U-Bahn kommt man auch bequem zum Aquazoo im Nordpark und nach Kaiserswerth, in den ältesten Teil Düsseldorfs, oder in den Süden zu Schloss Benrath mit seinen prächtigen Gartenanlagen.

1. Tag: Altstadt und Shopping

Die meisten Sehenswürdigkeiten befinden sich in der **Altstadt**, daher sollte man eine Stadtbesichtigung auch hier beginnen. Der auf S. 12 beschriebene **Stadtspaziergang** bietet viele Anregungen. Er endet auf der Königsallee 32, der schönsten Einkaufsstraße in Düsseldorf. Für **Modebewusste** ist sie ein Muss, denn dort finden sich die Geschäfte der renommiertesten Modelabels. Der **Kö-**

009df Abb.: hg

Bogen am Ende der Allee ist ein angenehmer Ort, um den Tag nach einem Einkaufsbummel ausklingen zu lassen: Von der Terrasse des Restaurants Poccino (s. S. 80) genießt man einen schönen Blick auf den Hofgarten 24, die grüne Lunge der Stadt. Hier treffen sich die Düsseldorfer gern, um eine Kleinigkeit zu essen oder einen Aperitif zu trinken.

Wer sich für die **japanische Kultur** interessiert, sollte (möglichst an einem Werktag) in die Immermannstraße [L16–M17] mit ihren japanischen Restaurants, Cafés und Geschäften gehen. Sonntags sind die Geschäfte geschlossen und leider auch viele der Restaurants. In einem der japanischen Restaurants zu essen, ist wirklich eine ganz besondere Erfahrung.

Wer es weniger exotisch mag, für den bildet ein Abendessen in einer der Hausbrauereien oder einem der Lokale in der Altstadt einen gelungener Abschluss des Tages.

2. Tag : Rheinufer und Museen

Viele Düsseldorfer zieht es in ihrer Freizeit an den Rhein. Vom Burgplatz 1 aus geht es immer am Fluss entlang in den **Medienhafen,** so wie im Spaziergang auf S. 15 beschrieben. Unterwegs trifft man auf Cafés, in denen man gemütlich sitzen kann. Im Medienhafen ist eine Fahrt mit dem Lift auf den Rheinturm 35 unbedingt empfehlenswert. Hier kann man einen Kaffee trinken und dabei den wunderbaren Blick über die Stadt genießen.

Düsseldorf ist aber auch für seine zahlreichen **Museen** (s. S. 65) bekannt. Die Kunstsammlung Nordrhein-Westfalen, auch K20 7 genannt, lockt mit Kunst aus dem 20. Jh. Empfehlenswert ist auch das Museum Kunstpalast (s. S. 69) mit Werken von der Düsseldorfer Malerschule bis in die heutige Zeit. Im Süden der Stadt lockt Schloss Benrath 45 mit mehreren Museen, z. B. dem Museum für Europäische Gartenkunst, und einer wunderbaren Parkanlage.

Den Tag kann man in einem der Restaurants im abends schön beleuchteten **Medienhafen** ausklingen lassen.

Ein Fußweg führt von der Altstadt bis zum Medienhafen

008df Abb.: hg

Spaziergang 1: Von der Altstadt zur Königsallee

Am besten beginnt man seinen Spaziergang in der Altstadt am **Burgplatz** 1. Hier stand früher ein großes Schloss, von dem seit einem Brand 1872 nur noch der Turm übrig ist. Im Turm befindet sich das **Schifffahrtmuseum** (s. S. 70) und im obersten Stockwerk, der sogenannten **Laterne**, ein Café (s. S. 86), von dem man einen guten Blick über die Stadt hat. Treppen führen vom Burgplatz hinunter zur **Rheinuferpromenade** 16 und zum Rhein, der Düsseldorf seit vielen Jahrhunderten prägt. Vom Schlossturm aus schlendert man am **Radschlägerbrunnen** 2 vorbei zur **Düssel.** Dieser kleine Fluss hat der Stadt ihren Namen gegeben. Links neben der Düssel befindet sich das **Stadterhebungsmonument** 3, das optisch darstellt, wie Düsseldorf 1288 die Stadtrechte erhielt. Ein schmaler Weg führt links am Monument vorbei zum mittelalterlichen Kern der Stadt, zum Stiftsplatz rund um die katholische **St. Lambertuskirche** 4. Das äußere Erscheinungsbild des Gotteshauses ist typisch für die niederrheinische Backsteingotik und auch ein Blick ins Innere dieser ältesten Kirche Düsseldorfs lohnt sich: Neben einer reichhaltig gefüllten Schatzkammer ist auch das Grabmonument Wilhelms des Reichen von 1599 zu sehen. In einem Glasschrein liegen außerdem die Gebeine des hl. Apollinaris, des Schutzpatrons der Stadt.

Routenverlauf im Stadtplan

Der hier beschriebene Spaziergang ist mit einer grünen Linie im Stadtplan eingezeichnet.
Dauer: ca. 1–1½ Std.

Direkt hinter der Kirche mündet die Straße mit dem Namen „Altestadt" in die **Ratinger Straße** 5 mit ihren vielen Kneipen und Cafés. Wer Lust hat, kehrt auf ein verspätetes Frühstück im **Café Zum goldenen Einhorn** (s. S. 87) ein oder gönnt sich ein erstes Altbier in der **Brauerei im Füchschen** (s. S. 78). Von hier aus lässt sich das belebte Treiben auf der Straße gut beobachten. Die **Kunstakademie** 17 befindet sich nicht weit von hier und die Ratinger Straße war früher ein beliebter Treffpunkt von Studenten und Professoren wie z. B. Joseph Beuys. Von hier ist es nur ein Katzensprung zur Kunstsammlung Nordrhein-Westfalen – auch **K20** 7 genannt –, die sich der Kunst des 20. Jh. widmet. Gegenüber befinden sich in einem gemeinsamen Gebäude der **Kunstverein für die Rheinlande und Westfalen** sowie die **Städtische Kunsthalle** (s. S. 69). Biegt man in die kleine Straße ein, die rechts am Gebäude vorbeiführt, sieht man ein Ofenrohr, das aus dem Gebäude ragt. Es ist ein Kunstwerk von Joseph Beuys und symbolisiert den Austausch zwischen Kunst und Umwelt.

Hier steht auch das **Kom(m)ödchen** (s. S. 90), das erste politische Kabarett, das nach dem Zweiten Weltkrieg in Deutschland gegründet wurde. Rechts ums Eck liegt die **St. Andreaskirche** 8, die wohl schönste Kirche der Stadt. Sie wurde im 17. Jh. errichtet und war die Hofkirche der Pfalz-Neuburger. Das katholische Gotteshaus wurde in einem für diese Gegend untypischen Stil erbaut, dem süddeutschem Barock. Ihr Inneres ist reich ausgestattet und weist zum Beispiel eine weiße Stuckdecke, fein gearbeitete Ornamente und Skulpturen auf.

007df Abb.: hg

Nun sollte man noch einen Blick zur Hausfassade des Brauausschanks Paulaner am Kom(m)ödchen (Mutter-Ey-Straße 1) hinauf werfen: Dort oben prangt ein Bild von Johanna Ey (s. S. 71), von den Künstlern liebevoll Mutter Ey genannt. Erst Bäckersfrau und dann Galeristin für neue, expressionistische Kunst. In den 1930er-Jahren war sie die in Deutschland wohl am häufigsten gemalte Frau.

Über die Andreasstraße geht es (links durch einen Torbogen mit schmiedeeisernem Gitter) weiter zur **Neanderkirche** 9, die im 17. Jh. als protestantische „versteckte" Kirche gebaut und nach Joachim Neander, dem Rektor der Lateinschule und Komponisten von Kirchenliedern, benannt wurde. Ihm verdankt übrigens auch der Neandertaler seinen Namen (s. S. 26). In der angrenzenden Bolkerstraße befinden sich zwei bekannte **Hausbrauereien:** Zum Schlüssel (s. S. 79) und schräg gegenüber der Goldene Kessel (s. S. 78). Falls der Biergarten der Brauerei Zum Schlüssel im Vorhof der Neanderkirche geöffnet ist, sollte man sich unbedingt hier draußen einen Platz suchen. Denn hier kann man entspannt sitzen und dabei dem Treiben auf der Bolkerstraße zusehen. Schräg gegenüber dem Biergarten befindet sich auch das **Geburtshaus Heinrich Heines** 10, das heute eine Buchhandlung ist. Eine Plakette an der Hausfassade (Bolkerstraße 53) weist darauf hin, dass der Schriftsteller hier 1797 geboren wurde.

Die Bolkerstraße entlang geht es zum ehemaligen Marktplatz mit dem **Rathaus** 11. Der ältere Teil des Gebäudes wurde im 16. Jh. gebaut und im 18. Jh. unter Kurfürst Carl Theodor im Rokokostil renoviert. Mitten auf dem Platz steht das **Jan-Wellem-Denkmal** 11, das dem Kurfürsten

In der Schneider-Wibbel-Gasse [J16] reiht sich ein Lokal ans andere

und Herzog von Jülich-Berg gewidmet ist, der im 17. Jahrhundert in Düsseldorf residierte. Der Zeit des Absolutismus entsprechend präsentiert sich der Kurfürst auf seinem Denkmal überaus herrschaftlich. Ihm ist es zu verdanken, dass die Stadt im 17. Jahrhundert zur kulturellen Blüte gelangte und mit der größten Gemäldesammlung in Europa auf sich aufmerksam machte.

An der Killepitschstube **Et Kabüffke** (s. S. 96) und dem **Uerige** (s. S. 78), einer der renommierten Hausbrauereien, vorbei, geht es die Berger Straße entlang zum **Carlsplatz** 12 mit seinem **Markt**, der in der überdachten Halle an sechs Tagen in der Woche stattfindet. Die vielen Marktstände und Imbissbuden laden zum Schauen, Herumspazieren und Probieren ein. In der angrenzenden **Carlstadt** gibt es sehr schöne Bürgerhäuser und auch das **Stadtmuseum** (s. S. 70), das einen anschaulich durch die Geschichte Düsseldorfs führt, ist einen Besuch wert.

Wir aber biegen am Ende des Carlsplatzes links in die Benrather Straße ein und folgen ihr, bis wir zur **Königsallee** 32 kommen. Die Königsallee gilt als die prächtigste Einkaufsstraße in Düsseldorf und ist bekannt für ihre exklusiven und eleganten Modegeschäfte.

Die **Kö-Galerie** (s. S. 95) wurde 1986 zur schönsten Einkaufspassage Westeuropas gekürt und in der **Konditorei Heinemann** (s. S. 86) im Kö-Center (s. S. 95) bekommt man die wohl beste Schokolade der Welt. Unter 57.000 Pralinen wurde der Champagnertrüffel von Heinemann zur Nr. 1 gewählt und auch die Kuchen sind hervorragend, daher lohnt es sich, hier eine kurze Pause einzulegen. Ein paar Meter weiter beginnt am nördlichen Ende der Königsallee der **Hofgarten** 24, die grüne Lunge der Stadt.

Von dort sind es nur einige Minuten zurück in die Altstadt bzw. in die Ratinger Straße, wo man in einem der vielen Restaurants essen oder in eine der Hausbrauereien einkehren kann.

010df Abb.: hg

Spaziergang 2: Vom Burgplatz zum Medienhafen

Die **Rheinuferpromenade** 16 gehört zu den Highlights der Stadt. Sie führt von der **Tonhalle** 19 nördlich der Altstadt am Fluss entlang bis zum Medienhafen (s. S. 47) und wird von vielen Sehenswürdigkeiten gesäumt. Die Tonhalle ist Teil des **Ehrenhofs** 20, einem ehemaligen Messegelände. Heute beherbergt er das **Museum Kunstpalast** (s. S. 69) und das **NRW-Forum Düsseldorf** (s. S. 70).

Von der Tonhalle aus zieht sich die Rheinuferpromenade als Fußgängerzone in Richtung Medienhafen. Die Rheinuferpromenade wurde Mitte der 1990er-Jahre angelegt. Der Verkehr, der hier vorher geflossen ist, wurde in den darunterliegenden Rheinufertunnel verbannt.

Wir beginnen den Spaziergang am **Schlossturm** 1 und gehen von hier aus Richtung Medienhafen. Schon von weitem ist der **Rheinturm** 35 zu sehen. Die Rheinuferpromenade teilt sich in die untere und obere Rheinwerft. Unten befinden sich zahlreiche Lokale sowie die Anlegestellen für die Ausflugsschiffe zum Medienhafen oder Richtung Norden zur Theodor-Heuss-Brücke [G/H10]. Oben hat sich ebenfalls Gastronomie angesiedelt. Hier liegen aber auch die zahlreichen Sehenswürdigkeiten. Die Rheinuferpromenade ist sehr beliebt. Man kann hier flanieren, das Panorama genießen oder an einer der vielen Veranstaltungen teilnehmen, die hier regelmäßig stattfinden. Noch schnell ein Blick auf die andere Rheinseite nach **Oberkassel** 42 hinüber: Von Bomben im Zweiten Weltkrieg verschont geblieben, ist Oberkassel eines der elegantesten Viertel der Stadt mit seinen vielen Jugendstilhäusern und klassizistischen Gebäuden.

Wir schlendern nun immer am Rhein die obere Rheinwerft entlang und kommen an der **Pegeluhr** vorbei, die den Wasserstand des Rheins anzeigt (links zweigt die Zollstraße Richtung Marktplatz ab). Am alten Binnenhafen vorbei gelangt man zu mehreren Cafés, die einen wunderschönen Blick auf den Rhein bieten.

Weiter führt der Weg zum **KIT** (Kunst im Tunnel, s. S. 69) mit seinem belebten Café und dann zum **Apollo Varieté Theater** 33, das ganz aus Glas unter die Rheinkniebrücke gebaut wurde. Es geht weiter zum **Landtag** 34 und dann zum **Rheinturm** 35, der mit seinen 240 Metern das höchste Gebäude in Düsseldorf ist. Von dem auf 168 Metern Höhe gelegenen Selbstbedienungscafé aus hat man eine wunderbare Sicht über die gesamte Stadt und kann schon mal einen vorausschauenden Blick auf das **Stadttor** 36 und die schöne und **innovative Architektur am Hafenbecken** werfen. Die **Gehry-Bauten** 37 sind auf jeden Fall einen längeren Besuch wert. Die drei in Form, Farbe und Material unterschiedlichen Gebäude fallen besonders we-

Das K20 7 widmet sich der Kunst des 20. Jahrhunderts

Routenverlauf im Stadtplan
Der hier beschriebene Spaziergang ist mit einer blauen Linie im Stadtplan eingezeichnet.
Dauer: ca. ½ Std.

Das gibt es nur in Düsseldorf

*Auf die **Radschläger** trifft man in Düsseldorf überall. Als Brunnenfiguren auf dem Burgplatz, als Motiv für Bilder, Postkarten und Geschirr. Ja, sogar als Türgriff in der Sakristei der St. Lambertuskirche. Die Tradition der Radschläger ist eng mit der Geschichte Düsseldorfs verknüpft und geht zurück auf 1288, als Düsseldorf zur Stadt erhoben wurde (s. S. 20).*

*Düsseldorf hat die **„längste Theke der Welt“**. Auf einer Fläche von etwa einem Quadratkilometer befinden sich mitten im Herzen der Altstadt ungefähr 260 Restaurants, Kneipen, Pubs, Bars, Imbissbuden und Cafés. Aber auch die traditionellen Hausbrauereien sind in der Altstadt zu finden, denn Düsseldorf ist schließlich für sein **Altbier** bekannt und dies wird nach Bedarf gebraut und schmeckt am besten, wenn es direkt vor Ort getrunken wird, ohne einen langen Transportweg zurückgelegt zu haben. Das „Alt“ ist ein obergäriges Bier (Gärung der Hefe bei hohen Temperaturen) und von dieser Braumethode kommt auch der Name: „Alt“ kommt vom lateinischen Wort „altus“, was so viel wie „hoch“ bedeutet. Kurfürst Jan Wellem hatte den Düsseldorfern 1712 das Zunftrecht verliehen, mit dem eine eigene Bierbraukultur begann. Bis dahin war Bier ein Nebenprodukt der Bäcker gewesen – und schmeckte dementsprechend schlecht.*

*Es gibt zwar nur noch wenige traditionelle **Hausbrauereien** in der Altstadt, aber die sind alle ungefähr 150 Jahre alt. Die Brauereien lohnen auf jeden Fall einen Besuch und einen „Biervergleich“, denn jedes Altbier schmeckt anders. Das Bier im Uerige (s. S. 78) ist vom englischen Bierkritiker Michael Jackson z. B. unter die Top 5 in Deutschland gewählt worden. Der Kellner, der das Bier serviert, wird in Düsseldorf „Köbes“ genannt. Aber Achtung! Nach der ersten Runde wird Alt nicht mehr extra bestellt, sondern wenn das Glas leer ist, wird direkt ein neues Bier geliefert. So schnell kann der Gast oft gar nicht schauen. Wer den Bierdeckel auf das Glas legt, signa-*

070df Abb.: hg

[<] Die Bolker Straße mit ihren zahlreichen Kneipen und Lokalen gilt als längste Theke der Welt

lisiert damit, dass er kein weiteres Getränk mehr möchte. Altbier wird traditionell in Gläsern von 0,2 Litern serviert, damit es immer frisch ist, und auf dem Bierdeckel wird per Strich die Anzahl der Gläser vermerkt, die man hatte. Das Besondere an Hausbrauereien ist übrigens, dass man nicht lange allein bleibt, sondern leicht mit anderen ins Gespräch kommt.

***Killepitsch** ist ein Kräuterlikör, der in Düsseldorf erfunden wurde. Er besteht neben Alkohol und Zucker aus 98 verschiedenen Sorten Beeren, Kräutern und Wurzeln. Nach einem deftigen Essen räumt er den Magen gründlich auf. Am besten trinkt man ihn eiskalt - direkt in der Killepitschstube Et Kabüffke (s. S. 96) in der Altstadt. Der Name „Killepitsch" entstand während des Zweiten Weltkrieges. Willi Busch, Besitzer eines Likörladens, und sein Freund Hans Müller-Schlösser, Theaterdichter und Schöpfer des Schneider Wibbel (s. S. 27), saßen zusammen im Luftschutzkeller. Oben fielen die Bomben und Willi Busch bemerkte ängstlich: „Wenn dat so wider jeht, dann doont'se ons he och noch kille" („Wenn das so weitergeht, dann werden sie uns auch noch töten"). Sein Freund beruhigte ihn und meinte: „Äwwer nit Willi, eh'mer zwei noch ne Leckere jepitscht hant". („Aber nicht, bevor wir zwei nicht noch einen getrunken haben"). Die beiden überlebten und gaben dem Kräuterlikör den Namen „Killepitsch".*

*Und noch eine Besonderheit: Im Gegensatz zu fast allen anderen deutschen Städten haben **Fußgänger** in Düsseldorf an **Ampeln** eine **Gelbphase** - genau wie die Autofahrer.*

gen ihrer krummen Fassaden sofort ins Auge. Am besten spaziert man einmal ums Hafenbecken herum oder zumindest bis zur **Living Bridge** (s. S. 53), die die beiden Ufer miteinander verbindet.

Die Bebauung in dieser Gegend ist ein Mix aus alten denkmalgeschützten Gebäuden und moderner, innovativer Architektur wie dem **Colorium** (Speditionsstr. 9) des britischen Architekten William Alsop, das mit seiner bunten Fassade und roten Kappe alle Blicke auf sich zieht. Im 16. Stock des Gebäudes liegt die **„THE VIEW Skylounge & Bar"** (s. S. 89), von der aus sich ein großartiger Panoramablick über den Hafen bietet.

EXTRATIPP

Ausflug nach Kaiserswerth

Lohnenswert ist auch ein Besuch von Kaiserswerth 41, das im Norden von Düsseldorf liegt und der älteste Teil der Stadt ist. Früher war es ein eigener Ort, der aber 1929 eingemeindet wurde. Bereits im 7. Jh. gab es hier eine Festung, die unter Kaiser Barbarossa im 12. Jh. zu einer der wichtigsten Burgen ausgebaut wurde. Heute sind leider nur noch Ruinen übrig. Nicht weit entfernt befindet sich die Suitbertus-Basilika, eine niederrheinische Pfeilerbasilika aus dem 11. Jh., und ein Park mit Büsten bedeutender Kaiserswerther Persönlichkeiten wie Theodor Fliedner, dem Gründer der ersten Diakonissenanstalt, und Florence Nightingale, Krankenschwester und Reformerin des englischen Gesundheitswesens. Sehenswert ist auch der Ortskern mit seinen schönen Barockhäusern, der alten Apotheke und der ehemaligen Seidenweberei (Kaiserswerther Markt Nr. 11).

Altstadt

Der mittelalterliche Stadtkern Düsseldorfs erstreckt sich rund um die St. Lambertuskirche am Stiftsplatz, nicht weit entfernt vom Burgplatz. Die Altstadt ist heute eine reine Fußgängerzone. Noch weiter Richtung Süden erstreckt sich die Carlstadt aus dem 18. und 19. Jh. mit ihren Bürgerhäusern und Palais. Der Medienhafen (s. S. 47) ist nur einen Katzensprung entfernt und über die Rheinuferpromenade gut zu erreichen.

1 Burgplatz mit Schlossturm ★★★ [I16]

An der Mündung der Düssel entstand um 1324 die Burg der Grafen von Berg. Sie wurde im 15. Jh. zu einem mächtigen Schloss ausgebaut, in dem Kurfürst Jan Wellem seine berühmte Kunstsammlung präsentierte. Von dem Schloss ist heute nur noch der Turm übrig.

Bei Baubeginn des Düsseldorfer Schlosses gab es noch keine Stadtmauer. Der erste **Mauerring** um die Stadt entstand erst um 1350. Um 1400 wurde die Grafschaft Berg zum Herzogtum und Düsseldorf die **Residenz- und Hauptstadt.** 1492 brach zum ersten Mal ein Feuer im Schloss aus. Es wurde wieder aufgebaut, 1510 jedoch erneut durch einen Brand zerstört. Als Düsseldorf 1521 zur **Hauptstadt der vereinigten Herzogtümer** von Jülich, Kleve, Mark und Berg wurde, sollte das Schloss herrschaftlich ausgebaut werden. Wilhelm der Reiche holte den italienischen Baumeister Alessandro Pasqualini und nach seinen Plänen entstand ein **Schloss mit drei Flügeln.** Zum Rheinufer hin hatte es drei Geschosse und die Seiten wurden durch Türme begrenzt.

Als **Kurfürst Jan Wellem** 1679 die Herrschaft in Düsseldorf übernahm, war das Schloss schon ziemlich baufällig. Italienische Architekten entwarfen deshalb Pläne, nach denen das Schloss im neuen Barockstil um- und ausgebaut werden sollte. Für die Anforderungen Jan Wellems waren auch etliche **Anbauten** nötig: ein Backhaus, ein Brauhaus, ein Pferdestall, eine Reitschule und ein Ballhaus. Hier im Schloss wohnte Jan Wellem mit seiner zweiten Frau Anna Maria Luisa de Medici im 17. Jahrhundert. Sie stammte aus Florenz und die beiden wurden per Fernheirat getraut. Beide liebten die Kunst und wollten das Schloss repräsentativer gestalten. Eine prächtige Residenz entstand, in der auch die damals größte **Kunstsammlung** Europas untergebracht war, unter deren Exponaten sich auch Originale von Rubens und Anton van Dyck befanden. Die Sammlung wurde nur ausgewählten Besuchern gezeigt und war über eine Verbindungstreppe vom Schloss her zu betreten. Jan Wellem hatte keine Kinder und nach seinem Tod wurde der Hof verlegt. Die Anlage verfiel und die meisten Gemälde kamen 1805 **nach Bayern.** Nur die „Himmelfahrt Mariens", ein Gemälde von Peter Paul Rubens, blieb in Düsseldorf und ist heute im Museum Kunstpalast (s. S. 69) zu sehen.

Ein **Feuer** (insgesamt das vierte) zerstörte das Schloss 1872 fast vollständig. Nur der **Turm** blieb übrig. Hier befindet sich seit 1984 das **Schifffahrtmuseum** (s. S. 70), das 2000 Jahre Rheinschifffahrt dokumentiert. In der obersten Etage befindet sich in der „Laterne" des Turms außerdem ein Café mit Blick auf den Rhein (s. S. 86).

Am Burgplatz führt die **Spanische Treppe** hinunter zum Schlossufer,

035df Abb.: hg

wo sich auch der **„Balkon"** befindet, eine Wand, die mit zahlreichen Punkten in 140 verschiedenen Farbtönen verziert ist. Es handelt sich um ein Projekt des Kunstakademieprofessors Hermann Josef Kuhna und seiner Studenten. Hier mündet auch die **Düssel**, die der Stadt ihren Namen gegeben hat, in den Rhein. Der Burgplatz ist ein beliebter Treffpunkt und hier befinden sich auch der **Radschlägerbrunnen** 2 und das **Stadterhebungsmonument** 3.

› Haltestelle: Heinrich-Heine-Allee, U-Bahn U70, 71, 72, 73, 74, 75, 76, 77, 78, 79, 83

Die Rheinuferpromenade 16 *zieht sich von der Tonhalle* 19 *am Burgplatz vorbei bis zum Medienhafen (s. S. 47)*

Der Spuk der weißen Frau

Vor dem Burgturm ist eine ***Tafel*** *in den Boden eingelassen, die an* ***Jacobe von Baden*** *erinnert, die 1585 Johann Wilhelm I. heiratete. Die Ehe verlief sehr unglücklich, Johann Wilhelm I. verfiel dem Wahnsinn und Jacobe von Baden begann, sich um die* ***Staatsgeschäfte*** *zu kümmern. Letzteres sahen sowohl einige Höflinge, als auch ihre Schwägerin Sibylle gar nicht gern. Man setzte kurzerhand eine* ***Anklageschrift*** *mit 100 Punkten auf und sperrte Jacobe in ihrem Zimmer im Turm ein. Kurz bevor der Prozess stattfinden sollte, wurde sie jedoch tot aufgefunden. Ihr* ***Tod*** *konnte nie aufgeklärt werden und bis heute, so heißt es, findet sie keine Ruhe und geistert als* ***weißes Gespenst*** *durch den Turm.*

❷ Radschlägerbrunnen ★ [J16]

Der Radschlägerbrunnen befindet sich nicht weit vom Stadterhebungsmonument ❸ entfernt auf dem **Burgplatz** ❶ und wurde im Jahr 1954 von Alfred Zschorsch entworfen. Gestiftet wurde der Brunnen vom Heimatverein Düsseldorfer Jonges und abgebildet sind zwei Jungen, die ein Rad schlagen.

Die sogenannten **Radschläger** haben eine sehr lange Tradition in Düsseldorf und jedes Jahr im Juni findet das große Stadtsparkassen-Radschlägerturnier am Rheinufer statt. Als Motiv sind die Radschläger auch fast überall zu finden, z. B. als Türgriff oder auf Mitbringseln wie Tassen, Gläsern, Bildern oder Schlüsselanhängern.

Anekdoten, wie die Radschläger zu ihrer lokalen Berühmtheit kamen, gibt es verschiedene. Eine davon ist eng mit der **Vergabe der Stadtrechte** an Düsseldorf verbunden. Im Jahr 1288 fand die **Schlacht von Worringen** statt, in der die Düsseldorfer Männer mit Graf Adolf von Berg gegen den Kölner Erzbischof kämpften. Die Schlacht verlief für die Düsseldorfer erfolgreich, jedoch waren viele Soldaten (wenn auch vor allem auf der gegnerischen Seite) ums Leben gekommen. Bei ihrer **Rückkehr in die Stadt** wurden die Männer bereits sehnsüchtig von ihren Familien erwartet – vor allem von den Kindern. Die Jungen, so wird berichtet, schlugen vor Freude darüber, ihre Väter lebend wiederzusehen, ein Rad und Graf Adolf war davon so gerührt, dass er jedem Jungen „eene Pfennig" gab. Auch heute noch sind in Düsseldorf Kinder anzutreffen, die Rad schlagen und so ihr Taschengeld aufbessern.

› Haltestelle: Heinrich-Heine-Allee, U-Bahn U70, 71, 72, 73, 74, 75, 76, 77, 78, 79, 83

036df Abb.: hg

3 Stadterhebungsmonument ★★ [J16]

Die Geschichte, wie aus einem kleinen Fischerdorf die Stadt Düsseldorf wurde, zeigt das Monument des Düsseldorfer Künstlers **Bert Gerresheim,** das sich direkt am Eingang zum mittelalterlichen Stadtkern befindet. Es wurde 1988 zur **700-Jahr-Feier** der Stadt angefertigt und besteht aus mehr als **400 Einzelteilen aus Bronze.**

Von einer **blutigen Schlacht** erzählt der **linke Teil** des Monuments, das sich **wie ein Buch** von links nach rechts liest. Der damals herrschende **Erzbischof von Köln,** Siegfried von Westerburg, wollte seinen Machtbereich vergrößern, doch er hatte nicht mit dem Düsseldorfer Herrscher **Graf Adolf von Berg** gerechnet. Dieser zog gemeinsam mit den Einwohnern der Stadt gegen den Erzbischof in den Kampf. In **Worringen,** im Norden Kölns gelegen, trafen die beiden Gegner aufeinander. Graf Adolf von Berg und die Düsseldorfer nahmen den Erzbischof gefangen und gingen siegreich aus der Schlacht hervor. Viele Soldaten, vor allem auf Seiten des Erzbischofs, fanden den Tod. Entsprechend schauerlich ist auch die Darstellung am Monument: **Totenschädel, Skelette** und **Waffen** der unterschiedlichsten Art.

Als Dank für ihre Unterstützung verlieh Graf Adolf von Berg den Düsseldorfer Bürgern 1288 die **Stadtrechte.** Im **mittleren Teil** des Monuments ist deshalb die Urkunde zu sehen, in der Graf Adolf von Berg und seine Gattin, Elisabeth von Geldern, die Stadtrechte beglaubigen. Sie umfassten das Markt- und das Zollrecht sowie eine neue Gerichtsbarkeit. Besonders wichtig für die Entwicklung Düsseldorfs war aber das **Marktrecht:** Zweimal im Jahr durfte die Stadt Markt abhalten. So kam der Handel in Schwung und Düsseldorf begann zu wachsen. Typische Produkte, wie es sie auf einem Düsseldorfer Markt gibt, sind deshalb auf der **rechten Seite** dargestellt: Muscheln und Fisch aus dem Rhein, Gemüse, Altbier und der bekannte Kräuterlikör Killepitsch.

Der **letzte Teil** des Monuments verweist auf die Bedeutung der **St. Lambertuskirche** 4. Sie ist die **älteste Kirche** Düsseldorfs und wurde am ehemaligen Standort einer Marienkapelle mitten in der mittelalterlichen Stadt errichtet.

› Haltestelle: Heinrich-Heine-Allee, U-Bahn U70, 71, 72, 73, 74, 75, 76, 77, 78, 79, 83

4 St. Lambertuskirche ★★★ [J15]

Die St. Lambertuskirche ist die älteste Kirche von Düsseldorf und befindet sich im mittelalterlichen Kern der Stadt. Das katholische Gotteshaus wurde am ehemaligen Standort einer kleinen Marienkapelle erbaut und 1974 durch Papst Paul VI. zur Basilika erhoben.

1394 erhielt die St. Lambertuskirche ihre heutige Gestalt. Sie ist eine Stiftskirche und wurde nach dem heiligen Lambertus benannt, der 705 in Lüttich wegen seines Glaubens ermordet wurde. Das Erscheinungsbild des Gotteshauses ist typisch für die **niederrheinische Backsteingotik.** Die Fassade ist im Großen und Ganzen

Die Radschläger haben in Düsseldorf eine lange Tradition

KURZ & KNAPP

Der schiefe Turm von Düsseldorf

Nicht nur Pisa hat einen schiefen Turm, sondern auch Düsseldorf. Nachdem ein **Blitz** in den Turm der St. Lambertuskirche 4 eingeschlagen war, musste das Dach neu gebaut werden. Da man dafür **frisches Holz** verwendete, das noch arbeitete, verzog sich der Turm und wurde schief.

im ursprünglichen Zustand erhalten geblieben, die Innenausstattung hat sich jedoch im Laufe der Jahrhunderte stark verändert und birgt eine Fülle von bedeutenden **Kunstwerken aus sieben Jahrhunderten.**

Die dreischiffige Halle beherbergt das **Grabmal Wilhelms des Reichen** aus dem Jahre 1599. An den Seiten der Kirche befinden sich die **Zunftaltäre** der Schneider, Bäcker, Brauer, Polsterer und Sattler. Sehenswert sind auch die reichhaltig gefüllte **Schatzkammer** und der **Hochaltar** mit Marienbild. In einem Glasschrein im Pfarraltar sind die **Gebeine des heiligen Apollinaris**, des Schutzpatrons von Düsseldorf, aufgebahrt. Ihm zu Ehren wird seit dem Mittelalter jedes Jahr ein großes Kirchweihfest abgehalten, und zwar immer um seinen Geburtstag, den 23. Juli, herum. Heute ist daraus die größte Kirmes am Rhein (s. S. 103) geworden. Übrigens: Auch das Mineralwasser „Apollinaris" ist nach dem Heiligen benannt.

› Stiftsplatz 7, www.lambertuspfarre.de, Tel. 3004990, geöffnet: Mo. 15–18.30, Di.–So. 9–18.30 Uhr
› Haltestelle: Heinrich-Heine-Allee, U-Bahn U70, 71, 72, 73, 74, 75, 76, 77, 78, 79, 83

5 Ratinger Straße ★ [J15]

Die Ratinger Straße bildet den **nördlichen Abschluss der Altstadt.** Nicht weit von der Kunstakademie gelegen, trafen sich hier in den alten holzgetäfelten **Gasthäusern** und **Kneipen** früher die Künstler der Akademie. **Johanna Ey** (s. S. 71) hatte hier außerdem ihre bekannte Bäckerei, in der sich die Künstler des „Jungen Rheinlands" trafen. Heute befinden sich an der Ratinger Straße zum Beispiel die Café-Kneipe Zum goldenen Einhorn (s. S. 87) oder auch die traditionelle Hausbrauerei Im Füchschen (s. S. 78), in der der bekannte Künstler Joseph Beuys, der auch Professor an der Kunstakademie war, gern sein Bier trank und dabei auf die Papiertischdecken kritzelte. Richtung Hofgarten wird die Straße von **zwei Toren** flankiert, die 1811 von Adolf von Vagedes im klassizistischen Stil in Form von Tempeln gebaut wurden. Eines der Tore war bereits vorher ein Stadttor und in preußischer Zeit wurden beide als Zollhäuser genutzt.

In der Ratinger Straße befindet sich auch die **Kreuzherrenkirche**, die im 15. Jh. als spätgotische Hallenkirche entstand. Infolge der Säkularisation wurde sie zwischenzeitlich als Tabaklager der französischen Zollbehörde oder auch als Pferdestall der russischen Kavallerie genutzt. Heute ist das Gotteshaus die Schulkirche des St.-Ursula-Gymnasiums.

› Haltestelle: Heinrich-Heine-Allee, U-Bahn U70, 71, 72, 73, 74, 75, 76, 77, 78, 79, 83

☒ *Das Fundament des Lieferhauses stammt noch von 1288*

037df Abb.: hg

6 Lieferhaus ★ [J15]

Auf dem Lieferplatz im mittelalterlichen Kern von Düsseldorf steht das **Lieferhaus** mit seinem **Stufengiebel.** Oben an der Fassade prangt als Jahreszahl **1288,** das Jahr, in dem Düsseldorf die Stadtrechte erhielt. Das Haus gilt somit als **ältestes Gebäude Düsseldorfs,** denn das Fundament stammt noch aus dieser Zeit.

Das Lieferhaus war ursprünglich eine Art **mittelalterliches Finanzamt,** denn früher wurden Steuern nicht in Form von Geld bezahlt, sondern der „Zehnt" als Abgabe abgeliefert. Ein Zehnt bedeutete: Wenn ein Bauer zehn Ballen Getreide erntete, musste er davon ein Zehntel, den sogenannten Zehnt, abgeben und diese Naturalien wurden im Lieferhaus gelagert. Heute befindet sich hier eine Kneipe.

› Haltestelle: Heinrich-Heine-Allee, U-Bahn U70, 71, 72, 73, 74, 75, 76, 77, 78, 79, 83

7 K20 – Kunstsammlung Nordrhein-Westfalen ★★★ [J15]

Die Kunstsammlung Nordrhein-Westfalen wird K20 genannt und ist eines der wichtigsten Museen für Kunst des 20. Jahrhunderts. Der Schwerpunkt liegt auf der Malerei der westeuropäischen und amerikanischen Moderne. Eine Dependance (K21 15), die sich vor allem der Kunst des 21. Jahrhunderts widmet, befindet sich im Ständehaus.

Die Sammlung wurde 1986 mit 88 Werken von Paul Klee eröffnet, der 1930 bis 1933 Professor an der nahe gelegenen Kunstakademie war. Das Museum beherbergt Werke renommierter Künstler wie Matisse, Picasso, Mondrian, Kandinsky und Pollock sowie von Düsseldorfer Künstlern wie Beuys und Immendorff. Es finden auch Wechselausstellungen statt.

Das Gebäude erinnert an einen **überdimensionalen Klavierflügel.** Der Ursprungsbau wie auch der Umbau wurde vom Kopenhagener Büro Dissing & Weitling geplant. Das Café im zweiten Stock wurde vom Atelier des Künstlers Joav van Lieshout (geb. 1963) gestaltet.

KLEINE PAUSE

Kurze Pause im Klee's

Direkt am K20 7 befindet sich das Klee's (s. S. 80), ein Café und Restaurant, das für seine internationale Küche, vor allem Tapas, bekannt ist. Wer nach der Tour durchs Museum Energie auftanken möchte, ist hier genau richtig. Durch die breite Fensterfront kann man nicht nur draußen auf der Terrasse, sondern auch drinnen sehr angenehm sitzen und dabei das Leben in der Altstadt beobachten.

- Grabbeplatz 5, www.kunstsammlung.de, Tel. 8381204, geöffnet: Di.–Fr. 10–18 Uhr, Sa./So./feiertags 11–18 Uhr, Eintritt: 12 €, ermäßigt 10 €, Kinder 6–17 Jahre 2,50 €, Kombiticket mit K21 15 18/14/4 €.
- Haltestelle: Heinrich-Heine-Allee, U-Bahn U70, 71, 72, 73, 74, 75, 76, 77, 78, 79, 83. K20 und K21 sind durch einen kostenlosen Shuttlebus miteinander verbunden.

8 St. Andreaskirche ★★★ [J16]

Die wohl prächtigste Düsseldorfer Kirche ist in einem für diese Region ganz untypischen Stil gebaut: in süddeutschem Barock. Unter Herzog Wolfgang Wilhelm wurde sie 1622 bis 1629 errichtet und war Hof- und Grabeskirche der Herzöge von Pfalz-Neuburg.

Die St. Andreaskirche ist eine **Kopie der Hofkirche in Neuburg** an der Donau, die ebenfalls in süddeutschem Barock gehalten ist. Während des Dreißigjährigen Krieges wurde der kostspielige Bau in nur sieben Jahren errichtet und war zunächst in der Hand der Jesuiten, die unter dem Großvater Jan Wellems, Wolfgang Wilhelm, nach Düsseldorf gekommen waren.

Das Jesuitenkolleg wurde in der zweiten Hälfte des 17. Jh. errichtet und 1708 wurde die Andreaskirche offiziell zur Hofkirche. Angegliedert war eine Kapelle. 1773 wurde der Jesuitenorden aufgelöst und die Kirche zur Pfarrkirche erhoben. Schließlich übernahmen die Dominikaner die Seelsorge. Das Gotteshaus befindet sich heute im Besitz des Landes Nordrhein-Westfalen.

Im Inneren sind die Wände und Decken mit prachtvollen **Stuckarbeiten** geschmückt. Die Decke der hellen, dreischiffigen Emporenhalle mit ihrem Kreuzrippengewölbe ist besonders schön. Das **Deckengewölbe** des **Hauptschiffs** zeigt Engel, Propheten und Evangelisten, das der **Seitenschiffe** Heilige wie z. B. den heiligen Franziskus.

An den Seitenwänden des Langhauses sind **zwölf lebensgroße Apostelfiguren** zu sehen. Der **Hochaltar aus Marmor** (1960) im Chorraum stammt von Ewald Mataré, der Professor an der Kunstakademie war.

038df Abb.: hg

Die St. Andreaskirche wurde im Stil des süddeutschen Barock gebaut

An den Chor der dreischiffigen Kirche ist ein **Mausoleum** angeschlossen. Hier befinden sich die sterblichen Überreste von sieben Mitgliedern des herzoglichen Hauses Pfalz-Neuburg, darunter auch Kurfürst Johann Wilhelm II. (Jan Wellem), der 1716 gestorben ist.

› Andreasstraße 27, Tel. 136340, www.dominikaner-duesseldorf.de/kunst-kultur/st-andreas/kirche, geöffnet: Mo.–Sa. 7.30–18.30, So. 8.30–19 Uhr, Mi. 16 Uhr finden Führungen statt.
› Haltestelle: Heinrich-Heine-Allee, U-Bahn U70, 71, 72, 73, 74, 75, 76, 77, 78, 79, 83

9 Neanderkirche ★★ [J16]

Die Neanderkirche wurde im Jahr 1683 gebaut und sie war die **erste protestantische Kirche** (der reformierten Gemeinde) in Düsseldorf. Benannt wurde sie nach **Joachim Neander**, der Rektor der Lateinschule und Komponist religiöser Kirchenlieder war.

Da der damals vorherrschende Glaube der katholische war, durfte das Gotteshaus nur als **„versteckte“ Kirche** gebaut werden. Zwar war Kurfürst Johann Wilhelm II. so tolerant, dass er den Protestanten erlaubte, eine Kirche zu bauen, allerdings durfte sie nicht direkt an der Straße gebaut werden, sondern musste in zweiter Reihe stehen. So wurde sie „versteckt“ hinter großen Gebäuden errichtet und erhielt nur schmale Eingänge.

Während des Zweiten Weltkriegs wurde das zur Bolkerstraße hin vor der Kirche stehende Gebäude zerstört, sodass die Neanderkirche hier jetzt offen zugänglich ist. Kommt man jedoch von der Andreasstraße, so ist der Eingang **leicht zu übersehen.** Ein

039df Abb.: hg

KLEINE PAUSE

Biergarten der Neanderkirche

Wohl einmalig: eine Kirche mit Biergarten. Im vorderen Teil des Kirchhofs der Neanderkirche gibt es – im Sommer bei schönem Wetter – einen Biergarten. Während draußen vor dem Tor in der Bolkerstraße reges Treiben herrscht, ist es hier ruhig und gemütlich. Der Biergarten gehört zur gegenüber gelegenen Hausbrauerei Zum Schlüssel (s. S. 79).

Im Biergarten vor der Neanderkirche lässt es sich gemütlich sitzen

KURZ & KNAPP

Die Neanderkirche und das Neandertal

Nicht nur die **Neanderkirche** wurde nach dem Rektor der Lateinschule und Komponisten von Kirchenliedern, **Joachim Neander,** benannt, sondern auch das Tal außerhalb von Düsseldorf, in dem er besonders gern spazieren ging. Im 19. Jahrhundert fand man im **Neandertal** bei Ausgrabungen außerdem das prähistorische Skelett eines Verwandten des modernen Menschen, der heute als **„Neandertaler"** bekannt ist.

unscheinbares schmiedeeisernes Tor führt durch eine überdachte Passage auf den Kirchplatz. Das **Innere der Kirche** ist, obwohl das Gotteshaus im Barock errichtet wurde, schlicht und einfach gehalten und weist weder Stuck noch Ornamente auf. Erwähnenswert ist die große Orgel, die 1965 gebaut wurde. In den Sommermonaten (Mitte Juni bis Sept.) finden jeden Mittwoch um 18.30 Uhr **kostenlose Konzerte** statt.

› Bolkerstraße 36, Tel. 5662960, www.neanderkirche.de, geöffnet: tägl. 10–18 Uhr, Sa./So. in aller Regel durch den Hintereingang
› Haltestelle: Heinrich-Heine-Allee, U-Bahn U70, 71, 72, 73, 74, 75, 76, 77, 78, 79, 83

⑩ Heinrich-Heine-Geburtshaus ★★ [J16]

Harry Heine, der sich später auf den Namen Heinrich taufen ließ, wurde am 13. Dezember 1797 in dem Haus an der **Bolkerstraße** mitten im Herzen der Düsseldorfer Altstadt geboren. Hier verbrachte er auch seine **Kindheit,** an die er sich Zeit seines Lebens gern erinnerte und die er in seinem Buch „Ideen. Das Buch Le Grand" und seinen „Memoiren" beschreibt.

Harry war das älteste von vier Kindern des Tuchhändlers Samson Heine und damit **jüdischer Abstammung.** Er besuchte zunächst die israelitische Privatschule, 1804 wurde aber auch jüdischen Kindern der Besuch christlicher Schulen erlaubt und er wechselte auf die städtische Grundschule und 1807 in die Vorbereitungsklasse des Düsseldorfer Lyzeums, des heutigen Görres-Gymnasiums.

Heine wurde nach der französischen Revolution und damit in einer Zeit großer Veränderungen geboren. Schon als Jugendlicher begeisterte er sich für Napoleon und die **französischen Ideale** „Freiheit", „Gleichheit" und „Brüderlichkeit". Vor allem für die Gleichheit aller Menschen setzte er sich zeitlebens ein. Er ging ohne Zeugnis von der Schule ab und sollte sich auf der Handelsschule auf einen kaufmännischen Beruf vorbereiten, woran er jedoch wenig Interesse hatte. Mit 19 kehrte er Düsseldorf den Rücken, studierte **Jura** und begann zu **schreiben.**

Nach Ausbruch der Julirevolution im Jahr 1830 wählte Heine freiwillig den Weg ins Exil nach Paris. Dort gelangte er zu hohem Ansehen, in Deutschland wurden seine Schriften dagegen verboten. Dennoch blieb er Düsseldorf und den „freundlichen und liebenswürdigen" Leuten im Rheinland sehr verbunden.

Ein unheilbares **Rückenmarksleiden** fesselte Heine ab 1848 schließlich ans Bett. Er starb am 17. Februar 1856 in Paris und ist auf dem Friedhof von Montmartre beerdigt. Sein Geburtshaus wurde 1991 mithilfe der Heinrich-Heine-Gesellschaft erworben und zu einem **Literaturtreff**

Schneider Wibbel

An der Ecke Bolkerstraße und Schneider-Wibbel-Gasse [J16] befindet sich über dem Café Madrid eine Plakette. Sie zeigt einen Mann und eine Frau, die durch ein Fenster auf einen Menschenzug unten in der Straße blicken. Dazu der Satz: „Wat bin ich doch für eine schöne Leich“.

*Es handelt sich um die **Szene eines Theaterstücks** von Hans Müller-Schlösser: Die **Titelfigur,** Schneider Wibbel, lebt zur Zeit der französischen Besatzung in Düsseldorf. Wibbel ist ein angesehener **Schneidermeister** und soll wie alle Honoratioren der Stadt Napoleon - der 1811 tatsächlich für ein paar Tage nach Düsseldorf kam - begrüßen, was er auch (mehr oder weniger widerwillig) tut. Danach geht er in die nächste Kneipe, taumelt betrunken nach Hause und schimpft dabei lauthals auf Napoleon. Wegen **Majestätsbeleidigung** wird er zu vier Wochen Gefängnis verurteilt, kann aber seinen Gesellen überreden, die Strafe an seiner Stelle anzutreten. Leider stirbt der Geselle im Gefängnis und Schneider Wibbel kann nun zusammen mit seiner Frau durchs Fenster **„seinen eigenen“ Leichenzug** sehen. Offiziell ist er nun tot und er kommt nur aus dem Schlamassel heraus, weil er sich für seinen Zwillingsbruder ausgibt, die Schneiderwerkstatt übernimmt und seine Frau ein zweites Mal heiratet. Und wenn sie nicht gestorben sind, so leben sie noch heute. Das Theaterstück wurde 1913 uraufgeführt und wird bis heute gespielt.*

Unterhalb der Plakette sind noch drei Köpfe zu sehen: die beiden Hauptdarsteller, die in der Uraufführung aufgetreten sind, und der Dichter Hans Müller-Schlösser selbst.

*Die Stadt hat der Theaterfigur die **Schneider-Wibbel-Gasse** gewidmet. Hier befindet sich außerdem eine **Spieluhr** (Schneider-Wibbel-Gasse 5), bei der fünfmal am Tag (11, 13, 15, 18 und 21 Uhr) eine Schneider-Wibbel-Figur erscheint und näht. In einer Nische (vor dem Restaurant Da Primo) steht zudem eine **Statue** des Schneiders, die an manchen Stellen schon recht abgegriffen ist, denn es heißt im Volksmund: Streichel den Wibbel ein kleines Stück und es bringt dir Glück.*

› *Haltestelle: Heinrich-Heine-Allee, U-Bahn U70, 71, 72, 73, 74, 75, 76, 77, 78, 79, 83*

umgestaltet. Heute befindet sich hier eine **Buchhandlung.** An der Hausfassade ist eine Plakette befestigt, die an Heinrich Heine erinnert. Auch sonst trifft man an vielen Stellen in Düsseldorf auf den berühmten Sohn der Stadt. Gegenüber der Buchhandlung befindet sich z. B. die Hausbrauerei **Im Goldenen Kessel** (s. S. 78), wo eine Büste von Heine steht, und die Düsseldorfer **Universität** ist seit 1981 nach ihm benannt. Das **Heinrich-Heine-Institut** (s. S. 66) beschäftigt sich mit Leben und Werk des Dichters und das **Heinrich-Heine-Monument** (s. S. 74) am Schwanenmarkt ist der Totenmaske Heines nachempfunden.

› Bolkerstraße 53, Haltestelle: Heinrich-Heine-Allee, U-Bahn U70, 71, 72, 73, 74, 75, 76, 77, 78, 79, 83

› **Müller & Böhm Literaturhandlung im Heine Haus,** www.literaturmueller.de, Mo.–Fr. 10–19, Sa. 10–16 Uhr

040df Abb.: hg

KURZ & KNAPP

Die Legende vom Gießerjungen

An der Ecke Marktplatz und Zollstraße trifft der Besucher auf die **Skulptur des Gießerjungen.**

Der Sage nach soll der **Lehrling des Bildhauers Gabriel de Grupello** bei der Anfertigung des Reiterstandbildes von Jan Wellem bemerkt haben, dass nicht genügend flüssiges Metall zur Verfügung stand, um das Werk zu vollenden. Er ging daraufhin herum und bat die umstehenden Neugierigen um **Gold- und Silberschmuck.**

Die Bürger eilten daraufhin nach Hause und brachten selbst ihre Silberlöffel, um sie für das Denkmal einschmelzen zu lassen. Der **Guss** wurde perfekt und dem Gießerjungen wurde daraufhin ebenfalls ein Denkmal gesetzt.

11 Rathaus und Jan-Wellem-Denkmal ★★★ [J16]

Unter dem Kurfürsten Johann Wilhelm II. (genannt Jan Wellem) erlebte Düsseldorf im 17. Jh. seine kulturelle Blütezeit. Sein Denkmal findet sich genauso auf dem Marktplatz wie das Rathaus, dessen Balkon besonders für den Karneval eine wichtige Funktion hat.

Unter **Johann Wilhelm II.**, Kurfürst von der Pfalz, Herzog von Jülich-Berg, Pfalzgraf zu Neuburg, war Düsseldorf eine Residenzstadt mit ca. 8000 Einwohnern. Jan Wellem, wie er von den Düsseldorfern genannt wurde, trieb den **Stadtausbau** voran, ließ **Straßen pflastern** und **Festungen** bauen. Seine Liebe galt jedoch der **Kunst** und so entstand unter ihm die größte **Gemäldesammlung** der damaligen Zeit. In zweiter Ehe war er mit Anna Maria Luisa de Medici verheiratet. Mit ihr zusammen gab er rauschende Feste und zog viele Künstler, Maler und Musiker nach Düsseldorf.

Jan Wellem war **Kurfürst** und damit **Stellvertreter des Kaisers** und wie wichtig er war, zeigt auch sein **Denkmal**, das mitten auf dem **Marktplatz** steht. Das Reiterstandbild ist beeindruckend: ein ruhig schreitendes Pferd, ein gerüsteter Fürst mit Allongeperücke, Kurhut und Marschallstab in der rechten Hand – ein würdevoller und stolzer Herrscher

Die Fassade des alten Rathauses wurde im 18. Jh. im Stil des Rokoko umgestaltet

des Absolutismus. Geschaffen hat es der Künstler **Gabriel de Grupello** – noch zu Lebzeiten Jan Wellems. Das Standbild wurde vor Ort in einem Gießhaus gegossen, das 1699 neu gebaut worden war und sich gleich gegenüber befand. 1711 wurde das Denkmal schließlich aufgestellt und gilt heute als eines der bedeutendsten barocken Reiterstandbilder nördlich der Alpen.

Der **Sockel** sollte laut Grupellos Plan hoch und von Allegorien verziert sein, doch dies wurde nicht realisiert. Stattdessen entstand ein niedriger, einfacher Sockel. 1830 wurde dieser dann aber durch den heute noch zu sehenden Sockel ersetzt. Das Denkmal ist durch ein Lanzengitter geschützt.

Der ältere Teil des **Rathauses**, das sich ebenfalls auf dem Marktplatz befindet, wurde 1570 bis 1573 nach den Plänen des Architekten Heinrich Tussmann erbaut und im 18. Jh. von Johann Joseph Couven umgestaltet. An dieses Datum erinnert die über dem Eingangsportal eingemeißelte Jahreszahl 1749.

Der **braunrote Backsteinbau** wird von seinen beiden **Giebeln** und dem kleinen **Turm** geprägt. In diesem befand sich ursprünglich der Eingang, doch Kurfürst Carl Theodor ließ die Fassade 1749 entsprechend der damaligen Zeit im **Stil des Rokoko** umgestalten. Dabei wurden die Geschosse des Gebäudes durch Gesimse getrennt und neben dem Turm eine Tür mit einem darübergelegenen Balkon geschaffen.

In der Nische des Turms befindet sich eine **Statue der Justitia** und oberhalb der Tür sind außerdem die **Wappen** der Pfälzer, denen auch Carl Theodor angehörte, und der von Bergs (Graf Adolf von Berg hatte Düsseldorf 1288 die Stadtrechte verliehen) zu sehen.

Während des Zweiten Weltkrieges wurde das Gebäude zerstört und 1958 bis 1961 wieder aufgebaut. Die

Karneval in Düsseldorf

*Der **Hoppeditz** ist die Düsseldorfer Narrenfigur. Der Hoppeditz „erwacht" am 11.11. um 11.11 Uhr, denn dann beginnt die Karnevalzeit – die 5. Saison. Er hält auf dem Reiterstandbild Jan Wellems stehend auch die Eröffnungsrede und zieht die Düsseldorfer dabei ordentlich durch den Kakao. Der Bürgermeister der Stadt befindet sich dabei auf dem **Balkon des Rathauses** und hört sich die Rede an. Während des Karnevals (im Februar oder März) herrscht in der Stadt närrisches Treiben, das an Weiberfastnacht, einem Donnerstag, so richtig beginnt. Über das folgende Wochenende finden überall Veranstaltungen statt und am **Rosenmontag** gibt es die berühmten Umzüge. Am Karnevalsdienstag wird noch einmal so richtig gefeiert und am **Aschermittwoch** ist dann sprichwörtlich alles vorbei. Unter Jammern und Wehklagen wird der Hoppeditz im Garten des Düsseldorfer Stadtmuseums (s. S. 70) begraben.*

Hinter dem Haus des Karnevals (s. S. 66) in der Zollstraße befindet sich eine Figur des Hoppeditz. Sie wurde vom Düsseldorfer Künstler Bert Gerresheim geschaffen.

Fassade wurde originalgetreu restauriert. Besonders wichtig ist aber der **Balkon:** Dort wird am 11.11. um 11 Uhr 11 der **Karneval** eröffnet.

An das alte Rathaus schließt in L-Form der **neue Teil** an. Ein Stück weiter links ist außerdem das Haus zu sehen, in dem der Künstler **Gabriel de Grupello** wohnte, der das Reiterstandbild Jan Wellems geschaffen hat. Das Haus war ein Geschenk des Kurfürsten an den Künstler. 1762 wurde hier eine private Zeichenschule eingerichtet, aus der später die Kunstakademie hervorging.

› Marktplatz 2, Tel. 8992924 (für Gruppenführungen). Jeden Mittwoch findet um 15 Uhr eine Führung durch das Rathaus statt, Infos: www.duesseldorf.de/rathaus-online/rathausfuehrung.html
› Haltestelle: Heinrich-Heine-Allee, U-Bahn U70, 71, 72, 73, 74, 75, 76, 77, 78, 79, 83

Südlich der Altstadt

12 Carlsplatz ★ [J17]

Schon seit 1804 findet auf dem Carlsplatz ein Markt statt und er ist heute der einzige **Wochenmarkt** in Nordrhein-Westfalen, der an **sechs Tagen in der Woche geöffnet** hat. Stände mit Lebensmitteln aus der ganzen Welt und Buden, an denen man rheinische Spezialitäten kosten kann, reihen sich aneinander. Hier gibt es nichts, was es nicht gibt.

1288 erhielt Düsseldorf das Marktrecht und 1482 wurde der Markt am Carlsplatz zunächst als sechstägiger Jahrmarkt bewilligt, d. h. als mehrtägiger Markt, der einmal im Jahr stattfand. 1546 gab es eine neue Marktordnung, nach der freie Wochenmärkte abgehalten wurden – jeweils am Dienstag. Dies galt für alle Märkte der Stadt und Märkte, die sich an ver-

041df Abb.: hg

schiedenen Standorten in der Stadt befanden, traten dadurch quasi in Konkurrenz zueinander. 1808 wurde der Carlsplatz dann auch endgültig als Ort für die viermal im Jahr stattfindenden einwöchigen Jahrmärkte bestimmt. Seit 1910 hat sich der Carlsplatz zudem fest als Ort für den Wochenmarkt etabliert. Der Platz selbst war unter Kurfürst Carl Theodor, der die Residenzstadt erweitern wollte, 1787 angelegt worden. Südlich des Platzes befindet sich die **Carlstadt,** die ebenfalls nach dem Kurfürsten benannt ist. Der Carlsplatz galt damals als einer der schönsten Plätze Düsseldorfs. Im Zweiten Weltkrieg wurde er jedoch zerstört. Nach dem Wiederaufbau war von seiner ursprünglichen Schönheit nicht viel übrig. Heute sind es nicht die umstehenden Gebäude, die den Carlsplatz unvergleichlich machen, sondern der Markt, der hier abgehalten wird. 1998 erhielt er eine **Glasüberdachung,** 2002 kamen **Glaspavillons** dazu. Hier kaufen die Düsseldorfer ein, um der Lust am Kochen und Essen zu frönen. Es gibt Stände mit italienischer Feinkost, Käse und Gemüse aus Frankreich, persischen Falafel und indischer Kost, Obst und Gemüse, Eier, Fleisch, Fisch, Geflügel und Backwaren, aber auch Patisserie aus Belgien und Frankreich sowie einen Kartoffel-Stand, der wirklich nur Kartoffeln anbietet. Hier gibt es alles, was das Feinschmeckerherz begehrt, doch Qualität hat ihren Preis. Wer keine Lust zum Kochen hat, der kann an den Imbissbuden rheinische Spezialitäten wie Reibekuchen verkosten.

› Markt am Carlsplatz, geöffnet: Mo.–Fr. 8–18, Sa. 8–16 Uhr, www.carlsplatz-markt.de
› Haltestelle: Heinrich-Heine-Allee, U-Bahn U70, 71, 72, 73, 74, 75, 76, 77, 78, 79, 83

EXTRATIPP

Wochenmarkt-Tipps

› **Kaffeereich** (s. S. 98): Hier gibt es eine große Auswahl an Kaffeesorten. Jeden Tag wird frisch geröstet und der Duft nach frisch gerösteten Bohnen weht durch die kleine Bude.
› **Pure Pastry (Stand D2a):** Patisserie, Macarons, Schokolade, Eis.
› **Terre de Provence (Stand A10):** Spezialitäten und Delikatessen aus Frankreich
› **Düsseldorfer Gulaschkanone J. Dauser** (Stand VK 1 und 2): Suppen, Eintöpfe
› **Concept Riesling (Stand A5):** Weine, vor allem Riesling, aus Deutschland. Beliebter Treff auch abends nach 18 Uhr.
› **Kräuterhexe** (Stand C2): ABB-Senf, Kräuter, Gewürze

13 St. Maximiliankirche ★★ [I17]

St. Maximilian wurde als **Klosterkirche der Franziskaner** gebaut und war dem heiligen Antonius von Padua geweiht. 1650 schenkte Herzog Wolfgang Wilhelm den Franziskanern das Gelände im Süden der Stadt. Darauf wurden ein Kloster und eine Kirche errichtet, die 1659 eingeweiht wurde.

Die Gottesdienste waren oft musikalisch gestaltet und auch die ersten Kirchenmusikkonzerte fanden dort statt, bald war das Gebäude aber zu klein. Eine neue größere Kirche wurde errichtet und so entstand 1737 der

Auf dem Carlsplatz gibt es Lebensmittel aus aller Welt

heutige Barockbau, der dem heiligen Antonius von Padua geweiht wurde.

Anfang des 19. Jh. sollten im Zuge der **Säkularisation** Kirche und Kloster abgerissen werden, doch die Düsseldorfer setzten sich für ihre Kirche ein. Der Orden der Franziskaner wurde aufgelöst, die Kirche jedoch blieb erhalten und erhielt den Namen St. Maximilian.

1818 wurde der **Städtische Musikverein zu Düsseldorf** gegründet, der für die Kirchenmusik in der Maxkirche beim Hochamt, bei Vespern und außerliturgischen Feiern verantwortlich zeichnete. So kam es, dass der jeweilige Leiter des Musikvereins gleichzeitig auch die Kirchenmusik in der Maxkirche leitete, auch wenn er selbst protestantischen Glaubens war. So berühmte Musiker wie Felix Mendelssohn Bartholdy und später Robert Schumann haben hier im 19. Jh. gewirkt.

› Citadellstraße 2a, www.lambertuspfarre.de, Tel. 3004990, geöffnet: Di.–Sa. 9–18.30, So. 9–21 Uhr
› Haltestelle: Heinrich-Heine-Allee, U-Bahn U70, 71, 72, 73, 74, 75, 76, 77, 78, 79, 83

14 Palais Wittgenstein ★ [J17]

In der zweiten Hälfte des 18. Jh. wurde die Carlstadt unter Kurfürst Carl Theodor weiter ausgebaut. Der Weinhändler **Heinrich Huyssen** baute sich 1790 dieses wunderschöne Palais. Knapp hundert Jahre später ging es in den Besitz von **Prinz Alexander zu Sayn-Wittgenstein** über und seit 1976 befindet sich hier das **Kulturzentrum der Stadt Düsseldorf.**

Im vorderen Teil des Gebäudes ist das **Französische Kulturinstitut** ansässig. Hier gibt es für Fans klassischer Konzerte ca. 15-mal im Jahr die beliebte Konzertreihe „Sonntags um 11" (Infos: Tel. 8996109). Im Gebäude im Hinterhof befindet sich außerdem das **Marionettentheater** (s. S. 91).

› Bilker Staße 7–9, Haltestelle: Benrather Straße, U-Bahn U71, 72, 73, 83

15 K21 – Kunstsammlung Nordrhein-Westfalen ★★★ [J19]

Das K21 ist die Dependance des K20 7 und wird, wie der Name schon vermuten lässt, als Museum für Kunst des 21. Jh. genutzt. Das Gebäude ist von einem Park mit zwei Teichen, dem Schwanenspiegel und dem Kaiserteich, umgeben.

Die **Parkanlage** wurde 1842 angelegt. Bei der Schleifung der Festungsanlage und der Gestaltung der Königsallee wurde dieser Bereich 1804 **überflutet.** Pläne für seine Neugestaltung hatte Maximilian Weyhe bereits 1819 vorgelegt, doch die Umsetzung ließ noch auf sich warten, denn das Gelände musste erst entsumpft werden – unter dem Gelände fließt die Düssel. Im **Zweiten Weltkrieg** wurde die gesamte Parkanlage zerstört, danach aber wieder instand gesetzt und im Rahmen der **Euroga 2002plus**, einer grenzüberschreitenden Gartenschau mit über 120 Projekten aus dem Natur- und Kulturbereich, nach den Plänen Weyhes gestaltet. Der Garten ist heute so angelegt, dass die **zwei Halbinseln** fast in der Mitte des Teichs aufeinandertreffen.

1865 erwarb die Stadt das Gelände am Südufer des Kaiserteiches und **erweiterte die Parkanlage**, wo 1880 nach Plänen des Architekten Julius Raschdorff der **Neorenaissancebau** des heutigen K21 entstand, der 10 Jahre später zum **Sitz des Parla-**

042df Abb.: hg

ments wurde und es bis 1988 blieb. Das **Ständehaus** wird von einer **Glaskuppel** gekrönt, die im Kontrast zum alten historischen Gebäude steht. Außer dem Museum findet sich hier auch das Lokal **Pardo's** (s. S. 102). Bei schönem Wetter kann man draußen im Park sitzen und sonntags lässt es sich hier gut frühstücken.

› K21, Ständehausstraße 1, Tel. 8381204, www.kunstsammlung.de, geöffnet: Di.–Fr. 10–18 Uhr, Sa./So./feiertags 11–18 Uhr, Eintritt: 12 €, ermäßigt 10 €, Kinder 6–17 Jahre 2,50 €, Kombiticket mit K20 7 18/14/4 €

› Haltestelle: Graf-Adolf-Platz, Straßenbahn 706, 708, 709, U-Bahn U71, 72, 73, 83. K20 und K21 sind durch einen kostenlosen Shuttlebus miteinander verbunden.

Im Gebäude des heutigen K21 war früher das Parlament untergebracht

16 Rheinuferpromenade ★★ [I16]

Die **ursprüngliche Rheinuferpromenade** entstand um 1900 durch eine **Ufervorschiebung**, bei der **zwei Ebenen** gebildet wurden. Vorher standen die Häuser direkt am Rhein, doch durch Hochwasser war es immer wieder zu Schäden gekommen. Auf der unteren Ebene wurden nun die Schiffe abgefertigt und oben wurde eine **repräsentative Promenade** angelegt. Nach dem Zweiten Weltkrieg wurde an Stelle der Promenade jedoch eine **mehrspurige Straße** gebaut, über die täglich mehr als 60.000 Autos donnerten und die die Altstadt vom Rhein trennte – sehr zum Ärger der Bürger. Als Ende der 1980er-Jahre der Hafen neu gestaltet wurde, wurde deshalb auch das Rheinufer neu angelegt.

Mitte der 1990er-Jahre wurde die **neue Rheinuferpromenade** angelegt und der Verkehr wurde unter die Erde verbannt – in den **Rheinufertunnel.** Die Architekten Niklaus Fritschi, B. Stahl und G. Baum orientierten sich bei der Planung der Promenade an der ursprünglichen Gestaltung von 1900 durch Johannes Radke. Die Pegeluhr und die großen Terrassen blieben erhalten. 1995 wurde die Rheinuferpromenade schließlich eingeweiht und sie ist bis heute ein beliebtes Ausflugsziel der Düsseldorfer. Der obere Weg auf der Rheinuferpromenade ist von **Platanen** gesäumt, der tiefer gelegene Teil, die sogenannte **untere Werft,** wird vor allem für Gastronomie genutzt.

Die Rheinuferpromenade beginnt nördlich der Altstadt an der **Tonhalle** (19) (Tonhallenufer), wo sich der Ehrenhof (20) befindet. In verschiedenen Etappen führt sie an der Altstadt und der Carlstadt vorbei bis in den Medienhafen. Ein guter Einstieg ist der **Burgplatz** (1) mit der Spanischen Treppe, dem Kunstprojekt „Balkon“ und der Einmündung der Düssel in den Rhein. Das Schlossufer geht hier in das Rathausufer über. In der Nähe des Burgplatzes legen auch die Schiffe für die Fahrten in den Medienhafen und nach Kaiserswerth (41) ab.

Am Burgplatz befindet sich auch das Gebäude, in dem früher die Kunstgewerbeschule war und das heute die **Akademie Galerie** (s. S. 65) beherbergt, in der Mitglieder der Kunstakademie ausstellen. Ein Stück weiter zweigt die Zollstraße Richtung Marktplatz ab. Gegenüber dieser Abzweigung befindet sich die **Pegeluhr.** An ihren Zifferblättern kann man den Wasserstand des Rheins ablesen. Die arabischen Ziffern zeigen die Meter an, die Teilstriche die Dezimeter.

Der nun folgende **Binnenhafen** wurde in den 1980er-/1990er-Jahren angelegt. Hier befand sich bis 1800 der alte Hafen, woran das mit Wasser gefüllte Becken mit dem darin „vor Anker“ liegenden Boot erinnern soll. Die hinter dem Binnenhafen vom Rathausufer abzweigende Schulstraße führt zum **Filmmuseum** (s. S. 66) und zum **Hetjens-Museum für Keramik** (s. S. 67). Vorbei an der Altstadt und der Carlstadt (südliche Altstadt) zieht sich der Weg bis zum **Mannesmannufer,** das nach dem Bürohochhaus des Mannesmann-Gebäudes benannt ist. Errichtet wurde es 1911/12 von Peter Behrens für das Unternehmen Mannesmann.

043df Abb.: hg

‹ *Die alte Pegeluhr zeigt den Wasserstand des Rheins an*

KURZ & KNAPP

Große Mannesmann

Die dynamische Plastik aus metallenen Linien des Düsseldorfer Bildhauers Norbert Kricke (1922–84) steht seit 1961 am Mannesmannufer. Kricke studierte in Berlin und zog 1947 nach Düsseldorf, wo er zunächst Professor an der Kunstakademie und später deren Direktor war. Seine abstrakten Plastiken sollen die strenge, rechtwinklige Architektur der Nachkriegsmoderne auflockern. So auch die Skulptur „Große Mannesmann", die er 1959 schuf. Sie steht in Kontrast zur strengen Geometrie des Vodafone-Hochhauses des Architekten Paul Schneider-Esleben.

Daneben steht das Vodafone-Hochhaus, das von 1956 bis 1958 von Paul Schneider-Esleben gebaut wurde. Heute ist hier das Wirtschaftsministerium Nordrhein-Westfalens untergebracht. Davor befindet sich die Skulptur „Große Mannesmann".

Auch das unterirdisch gelegene **KIT** (Kunst im Tunnel, s. S. 69) hat ebenfalls am bzw. unter dem Mannesmannufer seinen Platz. Als Ausstellungsfläche nutzt es Tunnelräume, die beim Bau des Rheinufertunnels entstanden und nicht mehr gebraucht wurden.

Am **Johannes-Rau-Platz** [I18] befindet sich die **Villa Horion**, seit 1961 Sitz des nordrhein-westfälischen Ministerpräsidenten und der Staatskanzlei Nordrhein-Westfalens. Das Gebäude wurde 1910/11 von Hermann vom Endt im neoklassizistischen Stil errichtet. Unter Ministerpräsident Wolfgang Clement zog die Staatskanzlei zwischenzeitlich ins Stadttor, wo sie von 1999 bis 2017 untergebracht war.

Am Apollo-Platz befindet sich unterhalb der Rheinkniebrücke das **Apollo Varieté Theater** 33. Die Promenade führt schließlich am Platz des Landtags mit dem kreisförmigen **Landtagsgebäude** 34 vorbei und endet im **Medienhafen.**

EXTRATIPPS

Die Rheinmetropole Düsseldorf

Die Düsseldorfer lieben ihren Rhein. Auf den Rheinwiesen kann man ein **Sonnenbad** nehmen und seit es die Rheinuferpromenade gibt, nutzen die Bewohner der Stadt jede Möglichkeit, um sich in einem der zahlreichen **Cafés** niederzulassen oder auch die Promenade mit dem Rad entlangzufahren. Genauso beliebt sind auch **Fahrten auf dem Fluss** Richtung Medienhafen oder Kaiserswerth.

Eine **Radtour nach Kaiserswerth** 41 ist ebenfalls eine beliebte Freizeitaktivität. Unterwegs kann man z. B. im Biergarten der Rheinterrasse etwas trinken.

1 [J13] **Rheinterrasse mit Biergarten BASTION,** Josef-Beuys-Ufer 33, April–Oktober bei schönem Wetter Mo.–Sa. 15–24, So. 12–24 Uhr, allerdings oft für geschlossene Gesellschaften reserviert

Im Lokal mit dem Namen Alte Rheinfähre, kurz vor Kaiserswerth, lässt es sich gut rasten.

2 Alte Rheinfähre €, Fährerweg 22, www.poensgen-gastronomie-ratingen.de, Tel. 401134, geöffnet: Sommer 9–24 Uhr. Das Lokal wurde bereits im Jahr 1972 eröffnet und ist ein allseits beliebter Treffpunkt. Hier gibt es vor allem deftiges Essen wie Gulaschsuppe oder Süßes wie Kuchen zum Nachmittagskaffee.

Nördlich der Altstadt

17 Kunstakademie ★ [J15]

Die Kunstakademie wurde 1773 durch Kurfürst Carl Theodor gegründet. 1819 wurde sie zur **Königlichen Kunstakademie Preußens** und bezog 1879 das heutige Gebäude, einen Neorenaissancebau von Hermann Riffart. Unter den beiden Direktoren **Peter Cornelius** und **Wilhelm von Schadow** kam die Kunstakademie im 19. Jh. zu Weltruf. Bekannt wurde vor allem die Düsseldorfer Malerschule, eine Künstlergruppe, die sich um Wilhelm von Schadow gebildet und sich der nazarenischen, religiös geprägten Malerei verschrieben hatte.

Berühmte Schüler waren u. a. **Wilhelm Busch**, der Erfinder von „Max und Moritz", und **Günther Grass**, der ursprünglich Bildhauerei studierte und später den Nobelpreis für Literatur erhielt. Als Professoren haben vor allem **Paul Klee**, **Joseph Beuys** und **Jörg Immendorff** die Kunstakademie geprägt. Die Kunstakademie ist nicht zu besichtigen. Nur einmal im Jahr (im Februar) öffnen sich die Türen und die Studenten präsentieren ihre Werke.

› Eiskellerstraße 1, Tel. 13960, www.kunstakademie-duesseldorf.de
› Haltestelle: Tonhalle, U-Bahn U70, 74, 75, 76, 77

044df Abb.: hg

18 Oberkasseler Brücke ★★ [I14]

Die Oberkasseler Brücke verbindet die Altstadt mit Oberkassel im linksrheinischen Teil von Düsseldorf. Die **erste Brücke** an dieser Stelle war bereits 1896 bis 1898 errichtet worden. Im **Zweiten Weltkrieg** wurde sie von der Wehrmacht **gesprengt**, so sollte der Vormarsch der Briten und Amerikaner verzögert werden. 1948 wurde dann eine Behelfsbrücke gebaut, die erst 1976 durch die jetzige Brücke ersetzt wurde.

Die **neue Brücke** wurde 50 Meter entfernt errichtet und die alte Brücke blieb zunächst an Ort und Stelle, um den Verkehrsfluss nicht zu behindern. Erst als die neue Brücke fertig war, wurde die alte abgerissen und die neue Brücke durch **Querverschub** (über Rampen) an ihre Stelle gebracht. Eine große Leistung, denn die Brücke hat ein Gewicht von 12.500 Tonnen. Die Zieh-Zeit betrug 12 Stunden und 42 Minuten und es war das

< Peter Cornelius war der erste Direktor der Kunstakademie

> Das Nordtor des Ehrenhofs mit der 1926 von Arno Breker geschaffenen Aurora aus Muschelkalk

KURZ & KNAPP

Die Düsseldorfer Brückenfamilie

Wer sich für Brücken interessiert, kommt in Düsseldorf voll auf seine Kosten, denn es gibt in der Stadt insgesamt **sieben Brücken,** darunter **fünf Schrägseilbrücken:** die Theodor-Heuss-Brücke (1957) – die erste Schrägseilbrücke weltweit –, die Rheinkniebrücke (1969), die Oberkasseler Brücke (1976) und die Fleher Brücke (1979) sowie die Flughafenbrücke (2002). Die Kardinal-Frings-Brücke (1951) und die Eisenbahnbrücke Hamm (1987) sind dagegen beide keine Schrägseilbrücken.

erste Mal überhaupt, dass eine Brücke dieser Größenordnung verschoben wurde. Die Düsseldorfer machten daraus ein Volksfest, das sie mit mitgebrachtem Picknick und Fotoapparat genossen.

› Haltestelle: Tonhalle U-Bahn U70, 74, 75, 76, 77

19 Tonhalle ★ [J14]

Die 1926 erbaute Tonhalle war ursprünglich ein **Planetarium** und ist heute die bekannteste **Konzerthalle** Düsseldorfs. An dem Stern auf dem Dach kann man ihren früheren Zweck noch erkennen. Nach dem Zweiten Weltkrieg diente das Gebäude zunächst als Stadthalle und wurde 1978 schließlich zu einem Konzerthaus umgebaut.

Der **Saal** hat einen Durchmesser von 50 m und ist die Heimat der **Düsseldorfer Symphoniker.** Nicht nur die Akustik, sondern auch die Optik ist spektakulär, denn Leuchtdioden und ein stimmiges Beleuchtungskonzept machen den Saal wieder zu einem „Planetarium der Musik". Mehr als 450 Konzerte von Klassik über Jazz und Chanson bis Soul und auch andere Veranstaltungen wie Kabarett finden hier jedes Jahr statt.

› Ehrenhof 1, Tel. 91387538 (Konzertkasse), www.tonhalle.de

› Haltestelle: Tonhalle, U-Bahn U70, 74, 75, 76, 77

20 Ehrenhof ★★★ [J14]

Ursprünglich handelte es sich bei dem Areal des Ehrenhofs um ein Messegelände, das 1902 eröffnet und 1926 um weitere Gebäude ergänzt wurde. Heute beherbergt der Gebäudekomplex mehrere renommierte Museen und Sammlungen.

1902 wurde zunächst der **Kunstpalast** errichtet und die **Große Industrie-, Gewerbe- und Kunstausstellung** fand

081df-as©hespasoft

statt. Nach dem Ersten Weltkrieg waren dem Rheinland und damit auch Düsseldorf große **Reparationszahlungen** auferlegt worden, unter deren Last die Stadt sehr litt. Der damalige Oberbürgermeister Robert Lehr wollte ein Zeichen setzen und eine Ausstellung schaffen, die Düsseldorf wieder Beachtung verschaffen sollte, die GeSoLei (Ausstellung für Gesundheitspflege, soziale Fürsorge und Leibesübungen). Dafür wurde das Messegelände 1926 um weitere Gebäude ergänzt. Nach Plänen von Wilhelm Kreis wurde der Kunstpalast um ein **Kunstmuseum**, das **Reichsmuseum für Wirtschafts- und Gesellschaftskunde**, ein **Planetarium** (heute die Tonhalle 19) und das damalige Messerestaurant **Rheinterrasse** (s. S. 35), dessen Biergarten im Sommer weiter gastronomisch genutzt wird, erweitert. Zusammen bildeten die Gebäude den Komplex des Ehrenhofs, der das Messegelände für die **GeSoLei** war. Das Angebot der Messe reichte von Informationen über Säuglingspflege, Elektrizität, Wasserversorgung und Abfallbeseitigung bis hin zu modernem Wohnen, Sport und Freizeit. Außerdem sorgte ein **Wellenbad** für Unterhaltung. Etwa 7,5 Mio. Besucher kamen damals zur Ausstellung. Heute beherbergt das ehemalige Ausstellungsgelände mehrere **Museen** wie das **Museum Kunstpalast** (s. S. 69) oder das **NRW-Forum** (s. S. 70).

› Haltestelle: Tonhalle, U-Bahn U70, 74, 75, 76, 77

Das Carsch-Haus mit dem Musikpavillon

Stadtmitte

21 Wilhelm-Marx-Haus ★ [J16]

Dieses **Backsteingebäude** war mit 56 Metern das **erste Bürohochhaus Deutschlands.** Es wurde 1924 von Wilhelm Kreis errichtet, unter dessen Ägide 1926 im gleichen Stil auch der Ehrenhof entstand. Nach dem Ersten Weltkrieg und der Besetzung des Rheinlandes durch französische Truppen ging es der Stadt und der Wirtschaft schlecht. Oberbürgermeister Robert Lehr ließ das Wilhelm-Marx-Haus bauen, um zu zeigen, dass sich die Stadt wirtschaftlich wieder im Aufschwung befand. Es wurde Sitz der Börse, bis diese in die Berliner Allee umzog. Benannt ist das Gebäude nach einem früheren Oberbürgermeister.

› Heinrich-Heine-Allee 53, Haltestelle: Heinrich-Heine-Allee, U-Bahn U70, 71, 72, 73, 74, 75, 76, 77, 78, 79, 83

22 Carsch-Haus ★ [J16]

Das Carsch-Haus entstand 1915 nach Plänen von Otto Engler und war zunächst ein **Textilkaufhaus** „für vornehme Herren- und Knabenbekleidung", danach ein Kaufhaus für (Designer-)Mode. 2020/2021 wird es umgebaut und der Vorplatz wird neu gestaltet.

Ursprünglich stand das Gebäude direkt dort, wo jetzt die Haltestelle Heinrich-Heine-Allee ist. Wegen des U-Bahn-Baus sollte es abgerissen werden, doch dann wurde beschlossen, es **um 23 Meter zu versetzen**, was 1979 schließlich geschah. **4800 Fassadensteine** wurden abgebaut, nummeriert, eingelagert und dann ein paar Meter versetzt wieder aufge-

046df Abb.: hg

baut. 1984 konnte das Kaufhaus wieder eröffnet werden. Vor dem Haus befindet sich der ebenfalls 1984 errichtete **Musikpavillon.** Er erinnert an einen bereits 1904 entstandenen Musikpavillon, der 1922 dem Neubau des Wilhelm-Marx-Hauses 21 weichen musste. Ein paar Stufen führen hinauf zu dem steinernen Pavillon, dessen Holzdach auf vier verzierten Pfosten ruht.

› Heinrich-Heine-Allee 1, Haltestelle: Heinrich-Heine-Allee, U-Bahn U70, 71, 72, 73, 74, 75, 76, 77, 78, 79, 83

23 Deutsche Oper am Rhein ★ [K16]

Das Gebäude wurde 1875 ursprünglich als **Theater** errichtet und wird seit 1905 als **Opernhaus** genutzt. 1925 wurde es auch in „Opernhaus" umbenannt, um sich vom damals neuen Operettenhaus abzugrenzen.

1943 wurde der **Zuschauerraum** zerstört, jedoch innerhalb weniger Monate wieder aufgebaut, denn der Spielbetrieb sollte nach Weisung der Reichstheaterkammer unbedingt weitergehen. Nach dem Zweiten Weltkrieg diente es 1946 kurzfristig als Versammlungsort für den neu gegründeten **Landtag** von Nordrhein-Westfalen. Nach umfangreichen Bauarbeiten wurde es 1956 wieder eröffnet. In den 2000er-Jahren wurde das Gebäude saniert und die Bühnentechnik erneuert. Die **Deutsche Oper am Rhein** wird in Bühnengemeinschaft mit Duisburg betrieben, d. h. die Opern- und Ballettproduktionen werden sowohl im Düsseldorfer Opernhaus als auch in Duisburg im Theater gezeigt.

Der **Opernsaal** umfasst mehr als 1300 Plätze. Der Keller beherbergt einen **Fundus** mit ca. 50.000 Kostümen und kann bei **Führungen** besichtigt werden.

› Heinrich-Heine-Allee 16a, Haltestelle: Heinrich-Heine-Allee, U-Bahn U70, 71, 72, 73, 74, 75, 76, 77, 78, 79, 83, Tel. 8925211, www.operamrhein.de. Führungen finden an unterschiedlichen Tagen statt und werden auf der Website angekündigt. Eintritt 7 €.

047df Abb.: hg

24 Hofgarten ★★★ [K15]

Der Hofgarten ist die grüne Lunge Düsseldorfs. Er entstand in der zweiten Hälfte des 18. Jh. unter Kurfürst Carl Theodor und war der erste öffentliche Park in Deutschland. Später wurde er zerstört und 1804 von Maximilian Friedrich Weyhe neu angelegt.

Der Hofgarten wurde 1769 von Nicolas de Pigage im französisch-klassizistischen Stil angelegt. Er war nicht nur ein Park für die Adligen, sondern stand **allen Bürgern offen.** Andere Städte wie z. B. München mit dem Englischen Garten orientierten sich an diesem Konzept. 1795 wurde der Park durch französische Soldaten zerstört und 1804 durch **Maximilian Weyhe** im Stil eines **englischen Parks** neu angelegt und erweitert. 1811 war **Napoleon** zu Besuch in Düsseldorf und weil ihm die Stadt so gut gefiel, erließ er ein Verschönerungsdekret und überließ der Stadt die ehemaligen Festungsanlagen für öffentliche Grünflächen. So wurde der Hofgarten fast bis an den Rhein vergrößert. Eine kleine Erhebung im Hofgarten ist dem französischen Herrscher gewidmet: der Napoleonsberg.

Der **alte Teil** des Hofgartens beginnt vor **Schloss Jägerhof** 26. Die **Jägerhofallee** führt von dort bis zum Teich. Ihr Blätterdach spendet auch bei hohen Temperaturen wunderbar Schatten. 2002 wurden im Rahmen der Euroga 2002plus **16 Lichtbänke** an der Allee aufgestellt. Das Kunstwerk „UV-A UV-B“ des Düsseldorfer Künstlers Stefan Sous war nur als zeitweiliges Projekt geplant, doch die Düsseldorfer haben die Bänke so lieb gewonnen, dass sie auch danach erhalten blieben. Nachts tauchen sie die Allee in ein bläulich-weißes Licht.

An der Düssel zieht sich eine Lindenallee entlang, die auch **Seufzerallee** genannt wird. Angeblich gehen hier gern Liebespaare spazieren, die den romantischen Weg für Liebesschwüre und -seufzer nutzen. Vorne im Teich steht der **„Gröne Jong“**, eine Statue, die von grüner Patina bedeckt ist. Der „Jong“ weicht vor einer Fontäne zurück, die ein Nilpferd in hohem Bogen von sich spuckt. Ein paar Meter weiter befindet sich das **Hofgärtnerhaus**, in dem Maximilian Weyhe wohnte, als er den Hofgarten gestaltete. Heute wird es als **Theatermuseum** 25 genutzt. Das Museum bietet für eine Pause ein kleines Café mit Terrasse.

Die Hofgartenstraße trennt den alten und den neuen Teil des Hofgartens. Einen Großteil der Fläche im neuen Teil nimmt die **Landskrone**, ein Teich, ein. In der Sichtachse von

Beliebt bei Liebespärchen: die Seufzerallee am Hofgarten

EXTRATIPP

Kostenlose Konzerte im Hofgarten

Von Mai bis September finden im Hofgarten sonntags von 11 bis 12 Uhr regelmäßig **kostenlose Konzerte** statt, z. B. Weltmusik oder Jazz. Treffpunkt ist der Pavillon im Hofgarten. Infos gibt es unter www.duesseldorf-tourismus.de/dus/hofgartenkonzerte oder Tel. 172020.

Schloss Jägerhof und der Jägerhofallee befinden sich hier die **Goldene Brücke** und daneben das hölzerne **Schwanenhaus.** Gern schauen die Düsseldorfer den vielen Wasservögeln zu, die hier versorgt werden. Auf einer der Wiesen ruht die **„Liegende Figur in zwei Teilen"** von Henry Moore, die 1983 hier aufgestellt wurde.

Überquert man die **Kaiserstraße,** gelangt man in einen weiteren Teil des Hofgartens, der ebenfalls von Maximilian Weyhe gestaltet wurde. Das Kunstwerk **„Vivarium"** von Mark Dion entstand während der Euroga 2002plus und befindet sich im nördlichen Teil des Hofgartens (nördlich der Maximilian-Weyhe-Straße). Es handelt sich um einen vermodernden Baum in einem Glashaus, auf dem der Künstler viele lebende Kleinorganismen angesiedelt hat. Das Kunstwerk wurde – wie der gesamte Hofgarten – durch den Orkan Ela 2014 schwer beschädigt, ist jedoch wieder restauriert worden. In allen Bereichen des Hofgartens sind außerdem **Denkmäler** wichtiger Düsseldorfer Persönlichkeiten aufgestellt, so z. B. für Heinrich Heine, Robert Schumann, Christian Dietrich Grabbe oder Peter Cornelius.

Der Hofgarten endet am Ehrenhof 20. Er ist Teil der „Straße der Gartenkunst an Rhein und Maas".

› Vom nördlichen Ende der Königsallee (Höhe Steigenberger Park Hotel) gelangt man direkt in den neuen Teil des Hofgartens und von dort weiter in den alten Teil.
› Haltestelle: Heinrich-Heine-Allee, U-Bahn U70, 71, 72, 73, 74, 75, 76, 77, 78, 79, 83

25 Theatermuseum ★ [K15]

Das **Hofgärtnerhaus** wurde unter Kurfürst Carl Theodor 1769/1770 nach Plänen von Nicolas de Pigage errichtet. Zwischenzeitlich wurde es zerstört, 1802 aber von Anton Huschberger wieder aufgebaut. Von 1804 bis 1808 wohnte **Maximilian Weyhe** hier und ab 1821 wurde es als Unterkunft für Bedienstete des Prinzen Friedrich von Preußen genutzt.

Im **Zweiten Weltkrieg** wurde das Gebäude erneut zerstört, im Jahr 1955 jedoch wieder aufgebaut und erweitert. Seit 1988 befindet sich hier das **Theatermuseum.** Es dokumentiert mehr als 400 Jahre Theatergeschichte und bietet z. B. Informationen über die Schauspielerin Louise Dumont, die das Theater zusammen mit ihrem Mann Gustav Lindemann gründete, oder zur Arbeit von Gustaf Gründgens. Das **Programm** des Museums umfasst Aufführungen, wechselnde Ausstellungen, Diskussionsrunden, Lesungen und Kurse.

› Jägerhofstraße 1, Tel. 8994680, www.duesseldorf.de/theatermuseum, geöffnet: Di.–Fr. 13–17, Sa./So. 13–19 Uhr, Eintritt: 4 €, ermäßigt 2 €, bis 18 Jahre frei
› Haltestelle: Heinrich-Heine-Allee, U-Bahn U70, 71, 72, 73, 74, 75, 76, 77, 78, 79, 83, oder Schadowstraße U-Bahn U71, 72, 73, 83, Straßenbahn 701, 705, 706

048df Abb.: hg

26 Schloss Jägerhof und Goethe-Museum ★★ [L15]

Kurfürst Carl Theodor (1742–1799) ließ Schloss Jägerhof im 18. Jh. als Wohnsitz des Oberjägermeisters errichten. Heute beherbergt es das Goethe-Museum.

Das Schloss wurde zwischen 1752 und 1762 nach Plänen von Johann Joseph Couven erbaut. 1795 wurde es von französischen Soldaten geplündert und diente als **Lazarett.** Für den Besuch Kaiser **Napoleons** und seiner Gattin Louise wurde das Gebäude 1811 renoviert und neu ausgestattet.

Goethe war zweimal Gast in Düsseldorf und wohnte in der nahe gelegenen Villa Pempelfort 27. Von seiner Wohnstätte aus konnte er angeblich auf Schloss Jägerhof blicken, deshalb hat man dieses Gebäude 1987 für das **Goethe-Museum** ausgewählt, aber auch die **Sammlung Ernst Schneider** (Meißner Porzellan, Silber, Mobiliar des 18. Jh.) ist darin untergebracht.

Das Goethe-Museum zählt zu den drei größten Museen seiner Art – neben denen in Frankfurt, dem Geburtsort Goethes, und Weimar, wo er starb. Die Sammlung umfasst ungefähr 35.000 Exponate zu Leben und Werk des Dichters. Erstausgaben und Briefe sind in Vitrinen zu bestaunen.

› Goethe-Museum – Anton- und Katharina-Kippenberg-Stiftung, Jacobistraße 2, Tel. 8996262, www.goethe-museum.de, Eintritt: 4 €, ermäßigt 2 €, Di.–Fr. und So. 11–17 Uhr, Sa. 13–17 Uhr. So. ganztägig und Di.–Fr. ab 16 Uhr freier Eintritt.

› Haltestelle: Jacobistraße oder Jägerhof, Straßenbahn 707

Schloss Jägerhof wurde im 18. Jh. erbaut

Der Malkasten ist Treffpunkt des gleichnamigen Künstlervereins

049df Abb.: hg

27 Malkasten und Villa Pempelfort ★ [L15]

Der **Malkasten** wurde im Jahr 1848 als **revolutionärer Künstlerverein** im gleichnamigen Haus gegründet und spielte eine große Rolle im Kunst- und Kulturleben der Stadt. Vor allem die dortigen **Maskenbälle** waren berühmt-berüchtigt, denn die Großen der Düsseldorfer Malerschule trafen sich hier und feierten. Als Andreas Achenbach starb, trug selbst das Gebäude Trauer und die Düsseldorfer standen Spalier bis zum Nordfriedhof.

Im Zweiten Weltkrieg wurde das Gebäude zerstört und von 1950 bis 1954 neu aufgebaut. Der Malkasten dient heute als **Veranstaltungsort.** Das Gebäude befindet sich in einem nur drei Hektar großen, denkmalgeschützten **Privatpark,** den Johann Konrad Jacobi Mitte des 18. Jahrhunderts als Barockgarten anlegen ließ. Sein Sohn gestaltete die Grünfläche um, dadurch entstand eine Anlage im Stil eines Landschaftsgartens. Nach dem Zweiten Weltkrieg wurde der zerstörte Garten von Landschaftsarchitekt Roland Weber neu gestaltet (Eintritt: 2 €). Im **Parkhaus** des Parks finden Kunstausstellungen statt.

Die rosafarbene **Villa Pempelfort,** die sich an den Malkasten anschließt, war der Landsitz der **Gebrüder Jacobi:** Die Dichter Johann Georg (1740–1814) und Friedrich Heinrich Jacobi (1743–1819) empfingen die Crème de la Crème der Intellektuellen des 18. Jahrhunderts. Johann Wolfgang von Goethe war zweimal bei den Jacobis zu Gast (1774 und 1792) und soll unter einem der Bäume im Park gesessen und gedichtet haben. Auch Herder, Wieland sowie die Gebrüder von Humboldt waren bei ihnen zu Gast.

› Jacobistraße 6a, Informationen zum Künstlerverein Malkasten unter Tel. 356471, www.malkasten.org.

› Haltestelle: Jacobistraße, Straßenbahn 707

28 Dreischeibenhaus ★ [K16]

Das sogenannte Dreischeibenhaus wurde 1959/1960 von den Architekten Hentrich, Petschnigg & Partner (HPP) gebaut und hat seinen Namen wegen der drei **gegeneinander versetzten Gebäudescheiben.** Mit seinen 95 Metern war das Bürohochhaus damals das höchste Gebäude der Stadt und galt in den 1960er-Jahren als **Wahrzeichen** des modernen Düsseldorf, das als **„Schreibtisch des Ruhrgebiets"** bezeichnet wurde. Das Ruhrgebiet mit seiner Stahl- und Kohleproduktion war nicht weit und deshalb befanden sich in der Stadt die Verwaltungsgebäude vieler Unternehmen wie z.B. die Firmenzentrale der Phönix-Rhein-Rohr AG, aus der später die Thyssen-Krupp AG hervorging.

Bis 2007 war das Gebäude im Besitz der Firma Thyssen, die noch bis 2010 Mieter war. Es wurde ökologisch vorbildlich renoviert und gewann 2015 den MIPIM-Award für herausragende Immobilienprojekte. Im Erdgeschoss befindet sich das Restaurant Phoenix (s. S. 80).

› August-Thyssen-Straße 1, Haltestelle: Heinrich-Heine-Allee, U-Bahn U70, 71, 72, 73, 74, 75, 76, 77, 78, 79, 83 oder Schadowstraße U71, 72, 73, 83 bzw. Straßenbahn 701, 705, 706

29 Berliner Allee ★ [K17]

Die Berliner Allee ist keine schöne Straße und trotzdem spielt sie in Düsseldorf eine wichtige Rolle, denn sie ist eine **wichtige Nord-Süd-Achse** und an ihr befinden sich mehrere interessante Bauwerke. Bis in die 1950er-Jahre floss der Verkehr durch die parallel verlaufende Königsallee, dann war diese durch den regen Verkehr so überlastet, dass eine neue Straße angelegt wurde: die Berliner Allee.

Ihre Namen trägt sie, weil der damalige Berliner Oberbürgermeister, **Willy Brandt**, zur Einweihung der Straße nach Düsseldorf kam. An der Berliner Allee befinden sich zahlreiche **Wirtschafts- und Finanzinstitute** wie die Industrie- und Handelskammer, die Börse und eine Niederlassung der Deutschen Bundesbank. Ein paar Meter weiter befindet sich auf dem Platz der Deutschen Einheit der Brunnen von Heinz Mack. Er besteht aus drei dreieckigen Segeln, die aus dem Wasser in unterschiedlicher Höhe aufragen (3,6 und 9 m hoch) und zwischen denen sich Wasserfontänen befinden. Entstanden ist der Brunnen 1988. Auf der anderen Seite der Berliner Allee befindet sich das **Finanzkaufhaus der Stadtsparkasse** (Berliner Allee 33), das in die Kö-Galerie integriert ist. Die Fassade des Gebäudes ist eher nüchtern in Glas, Stahl und Beton gehalten. Um dem Ganzen aber ein „menschliches Gesicht" zu geben, wurden in die Fassadengestaltung auch **Porträts** von Düsseldorfern integriert. Die Fotos stammen vom Schweizer Künstler **Beat Streuli,** der einfach Passanten angesprochen und gefragt hat, ob sie sich für das Projekt ablichten lassen würden. So entstand ein Spektrum an Gesichtern, das typisch für die Bevölkerung von Düsseldorf ist.

› Haltestelle: Steinstraße/Königsallee (Ausgang: Berliner Allee), U-Bahn U70, 74, 75, 76, 77, 78, 79 bzw. Straßenbahn 701, 705, 706

Geografischer Stadtmittelpunkt: die evangelische Johanneskirche

30 Johanneskirche ★ [K16]

An der Berliner Allee befindet sich die **Johanneskirche**, deren Koordinaten als **geografischer Mittelpunkt der Stadt** gelten. Sie wurde zwischen 1875 und 1882 erbaut. Ihr **Turm** ist mit 87,3 m der höchste Düsseldorfs. Bei ihrer Errichtung war die Kirche sogar eines der größten protestantischen Gotteshäuser Deutschlands.

Im Zweiten Weltkrieg wurde das Innere der Kirche zerstört, später aber wieder restauriert. Bekannt ist die Johanneskirche für den **Bach-Saal**, in dem regelmäßig musikalische Veranstaltungen stattfinden. Im **Foyer** befindet sich ein Café mit kleinen Speisen zu günstigen Preisen und fair gehandelten Produkten aus ökologischem Anbau.

› Martin-Luther-Platz 39, Tel. 60170815, www.johanneskirche.org, geöffnet: Di.–Sa. 10–18 Uhr
› Haltestelle: Steinstraße/Königsallee (Ausgang: Berliner Allee), U-Bahn U70, 74, 75, 76, 77, 78, 79 bzw. Straßenbahn 701, 705, 706

31 Justizministerium ★ [K17]

Schräg gegenüber dem Eingang der Johanneskirche befindet sich das **Justizministerium des Landes.** Das Gebäude wurde 1859 von dem Schinkel-Schüler C. A. Krüger im Stil des **Berliner Klassizismus** errichtet. Auf dem Vorplatz befinden sich seit 1986 zwei Monumente: **Standbilder** von **Kaiser Wilhelm I.** (von Carl Janssen) und von **Reichskanzler Bismarck** (August Bauer und Johannes Röttgen).

› Martin-Luther-Platz 40, Haltestelle Steinstraße/Königsallee (Ausgang: Berliner Allee), U-Bahn U70, 74, 75, 76, 77, 78, 79 bzw. Straßenbahn 701, 705, 706

050df Abb.: hg

32 Königsallee ★★★ [K17]

Die Kö ist eine Prachtstraße und die eleganteste Shoppingmeile Düsseldorfs. Hier finden sich alle renommierten Modelabels. Anfang des 19. Jahrhunderts geschaffen, hieß die Straße wegen der Kastanienbäume, die dort standen, zunächst Kastanienallee. 1851 kam sie dann zu ihrem heutigen Namen.

1804 wurde an der Stelle der früheren Befestigungsanlagen ein **Stadtgraben** angelegt, der mit Wasser aus der Düssel gefüllt ist und heute die Mitte der Königsallee bildet. Die Straße verläuft rechts und links des Grabens, wobei sich die beiden Seiten unterschiedlich entwickelt haben. An der **Westseite** der Königsallee befinden sich Banken, Verwaltungsgebäude und Hotels. Die **Ostseite** ist von Geschäften, Cafés und Restaurants geprägt. **Drei Brücken** überqueren den Stadtgraben und verbinden die beiden Straßenteile miteinander.

Verantwortlich für die Anlage des Boulevards waren der Hofbaumeister Anton Huschberger, der Gartenbaumeister Maximilian Friedrich Weyhe und der Wasserbaumeister Wilhelm Gottlieb Bauer. Sie schufen auch den 30 Meter breiten, 5 Meter tiefen und fast 1000 Meter langen Stadtgraben, der zu beiden Seiten von mehreren Baumreihen flankiert wird.

Anfangs hieß die Allee wegen der hier gepflanzten Bäume **Kastanienallee**, doch 1851 kam sie nach einem denkwürdigen Ereignis zu ihrem neuen Namen: 1848 fand eine bürgerliche Revolution statt. Die Bürger Preußens wollten Meinungs- und Pressefreiheit und es kam zu Barrikadenkämpfen, auch in Düsseldorf. Der preußische König **Friedrich Wilhelm IV.** wollte den Forderungen nicht nachkommen, doch ausgerechnet in diesem Jahr kam er zu Besuch nach Düsseldorf. Als er in der offenen königlichen Kutsche auf der Allee fuhr, wurde er von erbosten Bürgern **mit Pferdeäpfeln beworfen.** Danach war drei Jahre lang Funkstille zwischen dem König und der Stadt Düsseldorf, dann entschuldigten sich die Stadtväter und boten an, die Allee zu Ehren des Königs in **Königsallee** umzubenennen.

1985 wurde die Straße noch einmal grundlegend **verschönert.** Im alten Stil gehaltene Straßenlampen, dazu passende Zeitungskioske, die einzigen schwarzen Telefonzellen Deutschlands (damals waren alle gelb) und Poller wurden aufgestellt und der Bürgersteig wurde verbreitert. Das südliche Ende des Stadtgrabens ziert das Wappentier Düsseldorfs, der **Bergische Löwe** (Wappen der Grafen von Berg). Das nördliche Ende verschönert der **Tritonenbrunnen** mit seinem Meeresgott und dem Wasser speienden Fisch. Den Abschluss der Königsallee bildet das **Steigenberger Parkhotel (Königsallee 1a)**, das 1902 anlässlich der Großen Industrie- und Gewerbeausstellung eröffnet wurde.

Die Kö gilt heute als eine der schönsten **Einkaufsstraßen** überhaupt. Vor allem **Modegeschäfte** renommierter Labels finden sich hier, dazwischen aber auch **traditionelle Geschäfte** wie das Porzellangeschäft Franzen. Schöne **Einkaufspassagen** sind ebenfalls entlang der Königsallee zu finden. Die Kö-Galerie (s. S. 95) hat 1986 einen Preis gewonnen und galt damals als schönste Einkaufspassage Westeuropas.

Am nördlichen Ende des Boulevards befinden sich zwei sehr unterschiedliche Gebäudeensembles. Auf der einen Seite der moderne **Kö-Bogen**, bestehend aus zwei Gebäuden mit gläsernen Fassaden, die nach Plänen des Architekten Daniel Libeskind entstanden und Geschäfte und Gastronomiebetriebe beherbergen. Sie sind mit dem renommierten MIPIM-Award für herausragende Immobilienprojekte ausgezeichnet worden. Gegenüber stehen das Steigenberger Hotel und ein Gebäude, das vom Wiener Jugendstilarchitekten **Joseph Maria Olbrich** entworfen und zwischen 1907 und 1909 errichtet wurde. Es gehörte zu den drei ersten **Warenhausgebäuden** in Deutschland – zusammen mit der Krupp-Konsum-Anstalt in Essen und dem Kaufhaus Wertheim in Berlin. Ursprünglich war hier das Warenhaus Tietz (Hertie) untergebracht, heute ist das Gebäude eine Filiale der **Galeria Kaufhof** (s. S. 95).

› Haltestelle: Steinstraße/Königsallee (Ausgang: Berliner Allee), U-Bahn U70, 74, 75, 76, 77, 78, 79 bzw. Straßenbahn 701, 705, 706

003df Abb.: hg

Medienhafen

Der Medienhafen mit seiner innovativen Architektur ist ein Highlight für jeden Besucher und vor allem die Gehry-Bauten mit ihren krummen Fassaden sind ein beliebtes Postkartenmotiv. Der Name des Areals erklärt sich durch die Tatsache, dass ungefähr ein Viertel der Unternehmen, die im Hafen ansässig sind, aus der Medienbranche kommt: Es gibt vor allem Werbe-, Internet- und Marketingagenturen, Medieninstitute und Fernsehsender. Auch der Westdeutsche Rundfunk (WDR) ist im Medienhafen vertreten. Das WDR-Gebäude wurde 1991 von den Architekten Parade und Partner erbaut. In den zwei transparent gehaltenen Obergeschossen befinden sich die Redaktionen, die massiv wirkenden Geschosse darunter sind für Technikräume und Studios reserviert. Die 25 m hohe Eingangshalle wirkt wie ein Volksempfänger, so nannte man ein Radio mit eingebautem Lautsprecher, das während des Zweiten Weltkriegs gebräuchlich war.

Im ehemaligen Einfuhrhafen für Nahrungsmittel, Getreide und Holz liegen heute Sportboote vor Anker

Der **ursprüngliche Hafen** wurde 1896 fertiggestellt und war damals einer der modernsten Häfen Europas, denn sämtliche Anlagen wurden elektrisch bedient. Er war ein wichtiger Einfuhrhafen für Nahrungsmittel, Getreide und Holz und wurde bis in die 1960er-Jahre (mit Einbrüchen während des Ersten und Zweiten Weltkriegs) immer weiter ausgebaut. Mitte der 1970er-Jahre ließ der Umsatz nach und der Düsseldorfer Stadtrat beschloss, einen Teil des Hafens

zuzuschütten und für eine **städtebauliche Neuordnung** freizustellen. Seit 1989 erfolgt schrittweise die Umgestaltung des Gebiets.

Als Erstes entstanden der **Rheinturm** und der **Landtag**, dann kam das Gebäude des **WDR** hinzu. Mitte der 1990er-Jahre wurden die **Gehry-Bauten** errichtet, weitere innovative Bauwerke von renommierten Architekten wie Claude Vasconi, Fumihiko Maki, William Alsop oder Joe Coenen folgten. Das **Stadttor**, in dem sich von 1999 bis 2017 die Staatskanzlei befand, wurde 1998 fertiggestellt und direkt am Eingang zum alten Hafen, unter der Rheinkniebrücke, befindet sich das **Apollo Varieté Theater**.

Teile des alten Hafens wie die alten Gleise, Kräne und Speicher sind auch heute noch zu sehen, dazwischen entstanden die neuen Gebäude und so ist ein **Mix aus Alt und Neu** entstanden. Aus dem ehemaligen Zollhafen ist zudem ein **Sporthafen** geworden, in dem ca. 160 Boote und Jachten ihren Liegeplatz haben.

33 Apollo Varieté Theater ★★ [I18]

Das **ursprüngliche Apollo Theater** befand sich bis 1966 an der Königsallee (Nummer 106). Es war bereits 1899 gebaut worden und diente als Varieté, für Zirkusvorstellungen und Konzerte. 1966 wurde es abgerissen und die Stadt musste mehr als 30 Jahre ohne Varietétheater auskommen.

Das **neue Theater** wurde 1997 in nur 10 Monaten an einem **außergewöhnlichen Standort** direkt unter der Rheinkniebrücke zwischen Hafen und Altstadt gebaut und im gleichen Jahr eröffnet. Geplant wurde es von Professor Niklaus Fritschi, der auch für das Wellengangpflaster verantwortlich zeichnet, das den Hafen mit der Altstadt verbindet. Keiner der Plätze ist mehr als 12 Meter von der Bühne entfernt und die Bühnenrückwand ist beweglich. Das Theater ist **komplett verglast**, daher hat man vom Café und von der Bar aus einen umwerfenden Blick auf den Rhein.

Der Direktor des Apollo Varietés ist **Bernhard Paul**, der gleichzeitig auch Direktor des Zirkus Roncalli ist. Das Programm des Apollo wechselt ständig.

› Apollo-Platz 1, www.apollo-variete.com, Tel. 8289090, Eintritt: je nach Saison und Sitzplatz 19–69 €, Showzeiten: Mi., Do. 19.30, Fr. 17 und 21, Sa. 16 und 20, So. 14 und 18 Uhr. Restaurant, Café und Bar sind an allen Spieltagen ab zwei Stunden vor Showbeginn geöffnet.
› Haltestelle: Landtag/Kniebrücke, Straßenbahn 706, 708, 709

34 Landtag ★★ [H18]

Der Landtag residiert seit 1988 am Rheinufer. Das Ständehaus am Schwanenspiegel, in dem der Landtag seit 1949 untergebracht war, war zu klein geworden war. Zunächst dachte man über eine Vergrößerung nach, doch dann entschloss man sich zu einem Neubau an einer Stelle, an der sich früher zahlreiche Industriebetriebe befanden.

052df Abb.: hg

Die Architekten, die für das Gebäude verantwortlich zeichnen, sind Eller, Moser, Walter & Partner. Der Landtag wurde wie eine Art **Amphitheater** errichtet: ein kreisrunder Saal mit einem Durchmesser von 30 Metern, um den sich weitere kreisrunde Säle gruppieren, die die **Fraktionen** beherbergen. Hinzu kommen spiral- und kreisförmige Gebäudeteile, in denen sich der **Abgeordnetenbereich** befindet. Vom Rheinturm 35 ist der interessante Grundriss des Landtags besonders gut zu sehen.

Vor dem Haupteingang steht die 1990 entstandene **Bodenplastik „Tzaphon"** des israelischen Künstlers Dani Karavan. Sie ist aus Gusseisen, 20 Tonnen schwer und greift die runde Form des Landtags auf.

Im **Haus der Parlamentsgeschichte**, ganz in der Nähe des Landtags in der Villa Horion (alte Staatskanzlei), werden nach Absprache Führungen zur parlamentarischen Geschichte in NRW angeboten.

› Platz des Landtags 1, Tel. 8842302, www.landtag.nrw.de. Das multimediale **Besucherzentrum** ist an ca. 40 Wochenenden im Jahr Sa./So. 11–17 Uhr geöffnet. **Führungen** durch den Landtag nur nach Anmeldung, Infos unter: www.landtag.nrw.de/home/besuch-im-landtag.html.
› Haltestelle: Landtag/Kniebrücke, Straßenbahn 706, 708, 709

M3 [I18] **Haus der Parlamentsgeschichte,** Johannes-Rau-Platz, Tel. 8842955, 8442302, www.landtag.nrw.de/home/besuch-im-landtag/haus-der-parlamentsgeschichte.html, Mo.–Fr. nach Absprache

‹ Der Düsseldorfer Landtag ist kreisförmig angelegt

35 Rheinturm ★★★ [H18]

Der Rheinturm ist mit 240 Metern das höchste Bauwerk der Stadt Düsseldorf. Er wurde zwischen 1979 und 1981 nach Plänen von Harald Deilmann errichtet und bietet von seiner Aussichtsplattform aus einen wunderschönen Blick über Düsseldorf und die Umgebung.

Der Rheinturm war das erste Gebäude im neuen Hafen und wurde als **Fernmeldeturm** der ehemaligen Deutschen Bundespost gebaut. Er dient als Träger von **Antennen** für Richtfunk, DVB-Fernsehen und UKW-Funkdienste. Das **Fundament** hat einen Durchmesser von 34 Metern und ruht auf 256 Betonpfeilern, die 18 Meter tief in den Rheinkiesel gerammt sind. Das Rohbaugewicht des Turms beträgt stolze 22.500 Tonnen. Mit einem Lift fährt man bei einer Geschwindigkeit von 4 Metern pro Sekunde nach oben.

Auf 168 Metern Höhe gibt es die **Bar & Lounge M 168** (s. S. 96) und eine geschlossene Aussichtsplattform mit Panoramascheiben, von der aus man einen guten **Rundumblick** über Düsseldorf hat. Die Räumlichkeiten auf 172 Metern Höhe beherbergen das **QOMO** Restaurant und Bar.

In Richtung Rheinkniebrücke befindet sich am Rheinturm die weltweit größte **Dezimaluhr.** Sie ist ganz offiziell im „Guinness Buch der Rekorde" gelistet. Der sogenannte **„Lichtzeitpegel"** stammt vom Düsseldorfer Künstler Horst H. Baumann und besteht aus den Bullaugen des Rheinturms. Neununddreißig von ihnen werden, sobald es dunkel ist, beleuchtet und man kann an ihnen die Uhrzeit ablesen. Innen im Turm ist die Uhr im Miniformat nachgebildet. Sie befindet sich neben den Fahrstühlen.

Die Sekunden werden bei der Uhr ganz unten angezeigt. Sind zehn Sekunden voll, leuchtet darüber ein Bullauge für die ersten zehn Sekunden auf. Sind bei den Zehn-Sekunden-Schritten wiederum sechs Bullaugen erleuchtet, erscheint darüber das erste Licht, das eine Minute anzeigt, danach folgen entsprechend Anzeigen für zehn Minuten, Stunden und zehn Stunden.

- › Stromstraße 20, Tel. 86320018, www.rheinturm.de, Aufzug: Mo.–Do. 14–23, Fr. 14–24, Sa. 12–24, So. 12–23 Uhr (Stand Anfang 2021, evt. längere Öffnungszeiten), Erwachsene 9 €, Kinder/Jugendliche 6 bis 18 Jahre 7 €, Kinder unter 6 Jahren frei
- › **Restaurant QOMO**, So.–Do. 17.30–23, Fr., Sa. 17.30–24 Uhr. Japanische Fusionsküche.
- › Haltestelle: Landtag/Kniebrücke, Straßenbahn 706, 708, 709

36 Stadttor ★★ [H19]

Das Stadttor, das zwischen 1999 und 2017 Sitz der Staatskanzlei war, gehörte nicht, wie der Name vermuten ließe, zur alten Stadtbefestigung, sondern es handelt sich um ein **architektonisch außergewöhnliches Gebäude** aus den 1990er-Jahren. Sein **Grundriss** ist ein Parallelogramm. Die Kante, die zwei seiner Seiten bilden, zeigt in Richtung Hafen – wie der Bug eines Schiffs. Die beiden 80 Meter hohen **Türme** werden von einer **Glasfassade** umfasst und sind auf den oberen drei Etagen miteinander verbunden. Diese Konstruktion auf 56 Metern Höhe vermittelt den Eindruck eines **Torhauses,** woraus sich der Name des Bürogebäudes ableitet. Außerdem markiert das Stadttor die Einfahrt der Rheinuferstraße (Bundesstraße 1) in den **Rheinufertunnel**, der direkt unter dem Gebäude verläuft.

Das Gebäude, dessen Büros raumhohe Fenster mit Buchenholzrahmen aufweisen, ist ein **Niedrigenergiehaus.** Bis zu 70 Prozent der normalen Betriebskosten können eingespart werden, denn die doppelte Glasfassade wirkt wie ein Puffer und hält das Gebäude im Winter warm und im Sommer kühl. **Sonnenschutzlamellen** verhindern ebenfalls, dass es zu heiß wird. Die Temperatur kann zudem für jedes Büro mithilfe von mit Grundwasser **gekühlten Deckenelementen** einzeln geregelt werden.

Die Architekten des Stadttors sind Karl-Heinz Petzinka und Thomas Pink. Auf der MIPIM, einer der größten internationalen Immobilienmessen, in Cannes konnten sie mit dem Gebäude 1998 gleich zwei Preise gewinnen: den **MIPIM Award** für Europas bestes Bürogebäude und den **Special Jury Award** für das beste europäische Gebäude.

Das Atrium kann im Erdgeschoss zu normalen Bürozeiten betreten werden. Auf den oberen Etagen sind verschiedene Unternehmen und das Verkehrsministerium untergebracht. Im Erdgeschoss des Stadttors befindet sich mit dem Limoncello ein italienisches Lokal.

› Stadttor 1, Tel. 60006020, www.stadttor.de, Haltestelle: Stadttor, Straßenbahn 706, 709

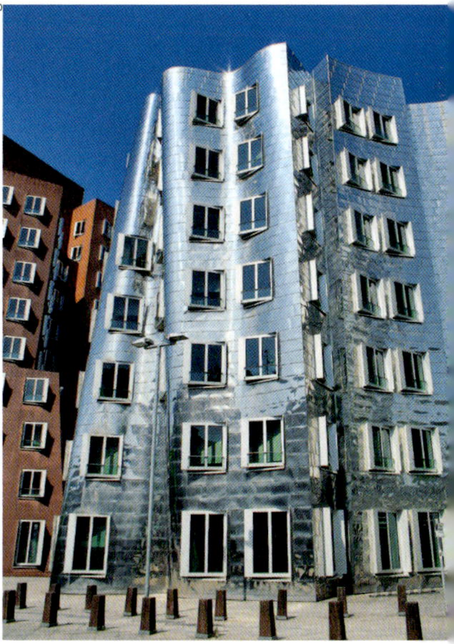

051df Abb.: hg

Die drei Gehry-Gebäude sollen eine Familie darstellen: Das silberne in der Mitte ist das Kind

37 Gehry-Bauten ★★★ [G19]

Die drei Gebäude des kanadischen Architekten Frank O. Gehry sind durch die krummen und schiefen Wände besonders auffällig im Medienhafen. Mit ihrer „tanzenden" Architektur waren sie der Startschuss für weitere Bauwerke renommierter Architekten.

Die drei Gehry-Bauten sind in Form, Farbe, Material und Größe unterschiedlich und befinden sich an der Stelle, an der früher der alte **Zollhof,** ein 95 m langes viergeschossiges Lagerhaus, stand. 1992 wurde er abgerissen und 1994 konnte man **Frank O. Gehry** für das Neubauprojekt gewinnen. Gehry hatte bereits mit dem Guggenheim Museum in Bilbao von sich reden gemacht und 1989 den renommierten Pritzker-Preis erhalten. Er gilt als einer der Hauptvertreter des Dekonstruktivismus und ver-

KLEINE PAUSE

Gastronomie in den Gehry-Bauten

Die Gebäude können nur von außen besichtigt werden, im weißen und roten Gebäude befinden sich jedoch im Erdgeschoss Restaurants: die **Meerbar** (s. S. 80) und das **ROCCA im Gehry's** (s. S. 81). Beide haben große Terrassen, von denen man einen tollen Blick auf Hafen und Rhein genießen kann. Die richtige Atmosphäre, um zu entspannen.

meidet bei seinen Plänen rechte Winkel und eckige Formen so weit wie möglich, wodurch „krumme" und irgendwie „verdreht" wirkende Häuser entstehen.

Das Gehry-Gebäude **Zollhof 1** besteht aus rotem Klinker und erinnert an „Stapelware" – Kisten aus dem alten Hafen. **Zollhof 3** ist weiß verputzt, mit 53 m das höchste der drei Gebäude und seine „Türme" lassen einen an die Schornsteine eines Dampfers denken. **Zollhof 2** ist das kleinste Gebäude und befindet sich in der Mitte. Es ist mit gefalztem Stahlblech verkleidet und wirkt ein wenig wie eine zerknüllte Blechdose. Das Haus reflektiert die anderen Gebäude, die vor ihm stehenden Besucher und die Sonnenstrahlen. Für Frank O. Gehry stellt das Gebäudeensemble eine **Familie** dar: Das weiße Gebäude ist der Vater, das rote die Mutter und das kleine in der Mitte ist das Kind.

Das ganze Projekt konnte nur mithilfe eines **3D-Computermodells** entworfen werden und wurde zwischen Herbst 1996 und Herbst 1999 realisiert. Besonders schwierig war es, in die verwinkelten Wände **Fenster** zu setzen, zumal diese auch noch unterschiedlich groß sein sollten.

Inzwischen sind die Gehry-Bauten zum **Postkartenmotiv Nr. 1** geworden und die New York Times fragte dann auch ganz richtig: „Warum stehen diese Türme nicht bei uns?"

› Neuer Zollhof 1–3, Haltestelle: Stadttor, Straßenbahn 706, 709

Weitere Architektur im Medienhafen

Mit den Gehry-Bauten war der Startschuss für eine **innovative Gestaltung des weiteren Hafengeländes** gefallen. In den folgenden Jahren entstanden Gebäude weiterer renommierter Architekten. Den Bauten gemein ist, dass sie in ihrer Gestaltung auf Hafen und Wasser anspielen, so z. B. das **Kai-Center** (Kaistr. 20) von Döring & Partner, das wie ein luxuriöses Kreuzfahrtschiff wirkt. Die Glasfassaden laufen wie ein Bug in Richtung Wasser aufeinander zu. Das Geländer auf der Dachterrasse gleicht einer Reling. Ein paar Straßenzüge weiter steht das **Grand Bateau** (Zollhof 2–8) des französischen Architekten Claude Vasconi. Es ist Sitz des Europäischen Medieninstituts und der Landesanstalt für Medien. Die eine Seite wirkt ebenfalls wie der Bug eines Ozeanriesen und vor dem Gebäude öffnet sich der **Platz der Medien** (Zollhof 11 [G19]).

Das Gebäude des Architekten **David Chipperfield** (Kaistr. 16) ist aus Sichtbeton gefertigt und wirkt einfach, ja fast roh. Es erinnert damit an die raue Hafenatmosphäre von damals. Ganz oben unter dem Dach befand sich früher das Atelier des Künstlers **Jörg Immendorff.** Die Bronzeskulptur vor dem Haus ist von ihm und zeigt einen „Seher". Ein weiterer Abguss der Skulptur steht im Hamburger Hafen.

EXTRATIPP

Platz der Medien [G19]

Der Platz (Zollhof 11) wurde 1996 von Günther Uecker entworfen, der vor allem durch seine Nagelbilder bekannt wurde, und von Thomas Beucker umgesetzt. **Granitblöcke,** die im Sommer als Sitzplätze für das Open-Air-Kino dienen, sind halbkreisförmig angeordnet und wirken wie große Steine, die in einem **Flussbett** liegen, das mithilfe von Bruchkies dargestellt ist. Ursprünglich war der Platz mit Splitt belegt, der so fein war, dass er sich unter den Schuhsohlen festsetzte und die Abwasserschächte verstopfte. Die heute verwendeten Steine sind daher gröber.

Wenn man vom „Seher“ aus auf das Hafenbecken zugeht, trifft man auf die **Living Bridge.** Sie ist eine Fuß- und Radwegbrücke und führt auf die andere Seite des Hafenbeckens. Die Brücke trägt ihren Namen, weil sie durch ihr Konzept zu einem Aufenthalt einlädt und so „lebendig“ wirkt. Sie ist relativ breit, hat Sitzstufen und Lichtkuben und in der Mitte gibt es ein Restaurant, das in einem gläsernen Ponton untergebracht ist.

Auf der anderen Seite des Hafenbeckens stechen vorne auf der Landzunge **zwei Türme** ins Auge. Einer von ihnen ist ein Bürohochhaus, der andere beherbergt ein Hotel. Früher war hier „Monkey Island“, der Strand von Düsseldorf.

053df Abb.: hg

Das Grand Bateau („Großes Schiff“) erinnert an den Bug eines Ozeanriesen

Das **Colorium** (Speditionsstr. 9) von William Alsop aus London ist ein besonders auffälliges Gebäude. Das farbige Hochhaus ist von einem knallroten Dach gekrönt, das an ein Sprungbrett erinnert. Alsop hat es sich zur Aufgabe gemacht, Menschen mit seiner Baukunst aufzuheitern. Fast zwanzigmal wurde die Farbgestaltung überarbeitet, bis die Abfolge des Musters den Vorgaben des Architekten entsprach.

Unter der Adresse Speditionsstr. 13 verbirgt sich ein **Getreidespeicher von 1938,** aus dessen Fassade ein ehemaliger Getreideeinfülltrichter ragt. Ein Relief auf dessen Unterseite zeigt drei Hafenarbeiter, die Getreidesäcke über eine Planke an Land schleppen. Einst wurde das

EXTRATIPP

Der Seher – oder Hans Albers in Düsseldorf

Die Skulptur eines Mannes, der in die Ferne blickt, zwischen den Häusern Kaistraße 14 und 16 [G19] stammt von **Jörg Immendorff.** Der Künstler hatte jahrelang auf der Hamburger Reeperbahn eine Kneipe und schuf zu Ehren des Schauspielers **Hans Albers** eine Skulptur. Das Denkmal für den berühmten Sohn Hamburgs im Hamburger Hafen aufzustellen, hat Sinn. In Düsseldorf befindet sich jedoch die gleiche Skulptur. Hier heißt sie allerdings „Der Seher" – auch wenn auf den Schultern links und rechts die Buchstaben H und A zu lesen sind.

Korn von oben durch diesen Trichter direkt auf das darunterstehende Schiff befördert.

Am Ende des Hafens glitzert vor allem bei Sonnenschein der **Maki-Solitär** (Speditionsstr. 5), ein achtgeschossiger Würfel mit einer Fassade aus Aluminium und Glas des japanischen Architekten Fumihiko Maki. Er „wiederholte" hier ein Gebäude, das er bereits 1998 in Tokio gebaut hatte. Rechts daneben steht die **alte Mälzerei** der Firma Friedrich Küppers.

In der Straße Am Handelshafen (Hausnummer 4) befindet sich das **Port Event Center (PEC).** Das Gebäude ist die **ehemalige Elektrozentrale** von 1896 und steht unter Denkmalschutz. Norbert Wansleben hat darüber den **Wolkenbügel** gebaut, einen Riegel, der horizontal auf dem alten Gebäude liegt. Der Riegel, ein dreigeschossiges Glasgebäude, enthält Büros und Studios. Hier hat die Werbeagentur Ogilvy & Mather ihren Sitz.

Entdeckungen außerhalb des Zentrums

38 Golzheimer Friedhof ★★ [J12]

Auf diesem Friedhof ruhen viele bekannte Düsseldorfer wie z. B. **Wilhelm von Schadow,** der Direktor der Kunstakademie, oder Gartenbaumeister **Maximilian Friedrich Weyhe.** Von Letzterem wurde der Friedhof Anfang des 19. Jh. auch angelegt und gestaltet.

Der Golzheimer Friedhof zählt zu den wichtigsten Friedhofsanlagen in Nordrhein-Westfalen und ist **denkmalgeschützt.** Er wurde nur etwa 100 Jahre lang genutzt, dann wurden keine neuen Gräber mehr zugelassen. Der **verwunschene Park** ist ein Kleinod in der Stadt. Die alten Gräber sind teilweise **prächtige Grabstätten.**

› Fischerstraße/Klever Straße, geöffnet: tägl. rund um die Uhr, www.duesseldorf.de/stadtgruen/park/golzheimer-friedhof.html
› Haltestelle: Victoriaplatz/Klever Straße, U-Bahn U78, 79

39 Nordfriedhof ★ [J8]

1884 erfolgte die erste Beisetzung auf dem Nordfriedhof. Es ist der **größte Friedhof Düsseldorfs** und wurde nach Plänen des Gartenarchitekten **Eduard Hoppe** aus Pankow bei Berlin gestaltet. Hoppe plante großzügige Rasenflächen, ein Areal im englischen Gartenstil, in das er Grabfelder einfügte. Friedhöfe derart großräumig anzulegen, war damals noch relativ neu. Die von Hoppe gestaltete Anlage ist heute noch Kernstück des Friedhofs und steht unter Denkmalschutz.

Die Friedhofsgebäude wurden erst 1887 fertiggestellt.

Mit das **bekannteste Grab** dürfte das der Edelprostituierten **Rosemarie Nitribitt** sein (Feld 95, Nr. 1148). Bekannt wurde sie in den 1950er-Jahren vor allem durch ihren gewaltsamen Tod, der nie aufgeklärt wurde. Da sich bei den Ermittlungen herausstellte, dass sie Kontakt zu bedeutenden Persönlichkeiten hatte und es bei der Aufklärung ihres Todes diverse Pannen gab, wurden schnell Verschwörungstheorien laut. Ihr Leben bzw. ihr Tod wurden bereits mehrfach verfilmt.

Auch das Grab von **Johanna Ey,** der ersten Galeristin Düsseldorfs, befindet sich hier (Feld 26, Nr. 12–13).

› Am Nordfriedhof 1, Tel. 8994817, geöffnet: tägl. rund um die Uhr, www.duesseldorf.de/stadtgruen/friedhof/nordfriedhof.html
› Haltestelle: Nordfriedhof, Buslinie 721, 722, 729, 756, 758, 834

40 Nordpark mit Aquazoo-Löbbecke Museum ★★★ [G7]

Das 1987 entstandene Aquazoo-Löbbecke Museum ist mit seiner Verbindung aus Museum und Aquarium/Terrarium einzigartig in Deutschland. Es ist von einer großen Parkanlage umgeben, in der besonders der japanische Garten sehenswert ist.

Der **Nordpark** wurde in nur eineinhalb Jahren für die „Große Reichsausstellung Schaffendes Volk“, eine Industrie- und Werkstoffschau, geschaffen und 1937 eröffnet. Um von Anfang an einen dichten **Baumbestand** zu haben wurden ausgewachsene Bäume von nahe gelegenen Friedhöfen und Parks hierher verpflanzt. Der Großteil der Ausstel-

Der Nordpark lädt zum Verweilen ein

055df Abb.: hg

lungshallen befand sich auf der sogenannten **Engländerwiese.** Während des **Zweiten Weltkriegs** wurden aber viele Ausstellungsgebäude und Skulpturen im Park zerstört. Nach dem Kriegsende wurde der Park zunächst vom britischen Militär beschlagnahmt, Anfang der 1950er-Jahre aber wieder zurückgegeben.

EXTRAINFOS

Mehr als 550 Tierarten im Aquazoo

Seit der Neueröffnung des Aquazoos nach Renovierung im Jahr 2017 gibt es eine große Vielfalt – auch seltener und bedrohter – Tierarten zu sehen: Von Seepferdchen über Brillenpinguine und seltene Kuhnasenrochen bis zu Schwarzspitzen-Riffhaien und dem bedrohten Rotaugenlaubfrosch. Besonders interessant ist es, die Tiere bei der **Fütterung** zu beobachten. Infos zu den Fütterungszeiten gibt es unter: www.duesseldorf.de/aquazoo.

Von der Kaiserswerther Straße kommend, betritt man den Garten vorbei an den „**Rossebändigern**“, die von Edwin Scharff erschaffen wurden, durch den Haupteingang. Rechts befinden sich die **Wasserspiele**, die größte Brunnenanlage in Düsseldorf, die ebenfalls für die Ausstellung 1937 geschaffen wurde. Neuere Parkteile sind ein **Bauspielplatz** für Kinder, der **Sommerblumengarten** und der **Kakteengarten**, der zwar ursprünglich Kakteen beherbergte, heute aber ein Palmengarten ist. Beide Gärten wurden von dem Gartenarchitekten Georg Penker angelegt, der auch den Rheinpark Bilk am Medienhafen sowie den Garten der Universität entwarf.

Im westlichen Teil des Parks befindet sich in einem runden Blumenbeet die schlanke **kinetische Plastik** des amerikanischen Künstlers George

⌃ *Im Aquazoo kann man zu bestimmten Zeiten bei der Fütterung der Tiere zusehen*

Rickey. Besonders sehenswert ist aber der 5000 m² große **japanische Garten**, der 1975 ein Geschenk der japanischen Gemeinde an die Düsseldorfer Bevölkerung war. Geschaffen wurde er von den Gartenarchitekten Iwakii Ishiguro & Sohn. Es handelt sich um ein Areal mit Wasserfall, Weiher, malerischen Felsen, Azaleen, Fächerahorn und geschnittenen Kiefern, das regelmäßig von japanischen Gärtnern gepflegt wird.

Das **Aquazoo-Löbbecke Museum** befindet sich zentral gelegen im Nordpark und ist vom Haupteingang aus gut zu erreichen. Die Verbindung von **naturkundlichem Museum** und **Aquarium/Terrarium** ist einzigartig in Deutschland. Das Löbbecke Museum geht auf das private Museum des Apothekers **Theodor Löbbecke** zurück, der seine Sammlung Anfang des 20. Jh. mit der Auflage der Stadt vermachte, die Exponate in einem Museum auszustellen. 1904 wurde der damalige Bau in der Altstadt eröffnet. Als der Stadt kurz darauf auch der ursprünglich private Zoo zufiel, wurde die Sammlung 1930 dort integriert und die einzigartige Kombination von Zoo und Naturkundemuseum entstand. Seit 1987 befindet sich das Aquazoo-Löbbecke Museum an seinem jetzigen Standort. Der Aquazoo wurde bis 2017 aufwendig renoviert.

Das **Konzept** des Museums ist es, zu verschiedenen Themenbereichen eine Zusammenstellung aus lebenden Tieren, Fossilien, Schautafeln und Exponaten zu präsentieren, die das jeweilige Thema anschaulich erläutert. Zu sehen sind rund 550 Tierarten auf 6.800 Quadratmetern. Die Ausstellung ist in 25 Themenräume unterteilt. 80 Aquarien zeigen das Leben im Wasser, ergänzt durch 60 Terrarien und Insektarien.

› Aquazoo-Löbbecke Museum, Kaiserswerther Straße 380, im Nordpark, www.duesseldorf.de/aquazoo, Tel. 8996150, Eintritt: Erwachsene 9 €, ermäßigt 5 €, Kinder bis 6 Jahre frei. Familien 18 € für zwei Erwachsene und alle eigenen Kinder (bzw. Enkelkinder) unter 18 Jahren, geöffnet: tägl. 10–18 Uhr
› Haltestelle: Nordpark/Aquazoo, U-Bahn U78, 79

41 Kaiserswerth ★★

Kaiserswerth ist der **älteste urkundlich nachweisbare Teil Düsseldorfs.** Früher war es eine eigene Stadt, wurde aber 1929 eingemeindet. Bereits im 7. Jahrhundert gab es hier eine **Festung**, die später unter Kaiser Barbarossa zu einer der wichtigsten Burgen ausgebaut wurde. Sehenswert ist auch der Ortskern mit seinen schönen Barockhäusern.

Bereits im 7. Jahrhundert, als Kaiserswerth noch eine Insel und vom Rhein umgeben war, gab es hier eine **Festungsanlage. Pippin der Mittlere** und seine Frau **Plektrudis** schenkten die Insel dem Benediktinermönch **Suitbertus** und so entstand schräg gegenüber der Festung auch bereits sehr früh ein **Kloster.**

Im 11. Jh. vergrößerte **Heinrich III.** die Festung und 1062 kam es in Kaiserswerth zur Entführung seines 12-jährigen Sohnes **Heinrich IV.** durch den **Kölner Erzbischof Anno II.** Heinrich IV. sollte der Nachfolger seines inzwischen verstorbenen Vaters auf dem Kaiserthron werden. Der Erzbischof brachte den Jungen nach Köln und erpresste von seiner Mutter, **Kaiserin Agnes**, die Herausgabe der **Reichsinsignien.** Er erlangte so die Regentschaft über das Heilige Römische Reich. Zwar musste Anno II. sich noch im gleichen Jahr für sei-

KLEINE PAUSE

Biergarten „Galerie Burghof“

Im Biergarten der Galerie-Burghof, der sich gleich neben der Festung befindet, kann man gemütlich einkehren. Man sitzt unter alten Kastanien, blickt auf den Rhein und trinkt dabei sein Bier. (Achtung: Die besten Plätze sind auf dem Mäuerchen.) Es gibt auch Kleinigkeiten zu essen, so z. B. belegte Brote, Ofenkartoffeln, Flammkuchen oder Leberkäse.

4 **Galerie-Burghof,** Burgallee 1, Kaiserswerth, Tel. 401423, www.galerie-burghof.de, geöffnet: tägl. 11–24 Uhr, Küche Mo.–Fr. 12–22, Sa., So. 11–22 Uhr.

ne Tat rechtfertigen, doch die Regierungsgewalt hielt er auch weiter in seinen Händen. Kaiserin Agnes sicherte aber für ihren Sohn die Herrschaftsansprüche und als Heinrich IV. 1065 durch die Schwertleite (eine Art Ritterschlag) mündig wurde, gelangte die Regierungsgewalt wieder in seine Hände zurück.

Unter **Kaiser Barbarossa** wurde die Kaiserpfalz im 12. Jh. dann zu einer mächtigen Festungsanlage ausgebaut und diente als Zwingburg, denn Barbarossa hatte den **Rheinzoll** von der niederländischen Stadt Thiel nach Kaiserswerth verlegt. Während der nächsten Jahrhunderte war der Ort Spielball der Mächte und **Belagerungen** durch Burgunder, Spanier, Hessen und Franzosen ausgesetzt. 1702 wurde die Burg während des **Spanischen Erbfolgekriegs** (1701–1714) erobert und geschleift. Es blieben nur Ruinen übrig, die heute noch zu sehen sind.

Schräg gegenüber der Festung befindet sich die **Suitbertus-Basilika,** die im Stil einer niederrheinischen Pfeilerbasilika errichtet und im 13. Jh. erweitert wurde. Langhaus und Querschiff stammen aus dem 11. Jh. In einem Schrein befinden sich die Gebeine des heiligen Suitbertus.

Der **Park** neben der Festung zeigt die **Bronzeskulpturen** von fünf bedeutenden Kaiserswerther Persönlichkeiten: **Herbert Eulenberg** (1876–1949) war Dichter und Schriftsteller und gehörte zur Gruppe „Das Junge Rheinland“. **Caspar Ulenberg** (1549–1617) stammte aus einem evangeli-

schen Elternhaus, trat jedoch später zum katholischen Glauben über und empfing die Priesterweihe. Er ist der Autor eines religiösen Liederbuches, das bis ins 19. Jh. sehr beliebt war. **Friedrich Spee** (1591–1635) war Jesuit und verfasste (anonym) ein Werk gegen Hexenprozesse und Folter. **Theodor Fliedner** (1800–1864) war Pfarrer und Gründer der **ersten Diakonissenanstalt**, die Kaiserswerth in der ganzen Welt berühmt machte. Sie hatte ihren Ursprung in der Pfarrei am Mühlenturm. Später kaufte Fliedner am Kaiserswerther Markt ein Bürgerhaus, zu dem im Laufe der Zeit vier weitere kamen: ein Krankenhaus, eine psychiatrische Anstalt für Frauen, ein Haus für Gefangenenseelsorge und eine Schule.

Die letzte Bronzebüste zeigt **Florence Nightingale** (1820–1910). Der „Engel der Barmherzigen", wie sie im Krimkrieg genannt wurde, lernte und arbeitete bei Fliedner und reformierte später das englische Sozial- und Krankenhauswesen.

Schön ist auch der **Ortskern** von Kaiserswerth mit seinen Barockbauten. Vom Rhein kommend befindet sich gleich auf der linken Seite das **alte Zollhaus** (Kaiserswerther Markt Nr. 4). Von dort hielten die Zöllner Ausschau nach Schiffen. Schräg gegenüber findet sich bei Haus Nr. 11 die ehemalige **Seidenweberei von Preyers und Petersen.** Sie wurde von Kurfürst Carl Theodor gefördert und war ein wichtiger wirtschaftlicher Betrieb. Im **Schiffchen** (Kaiserswerther Markt 9) kehrt man auch heute noch gern ein. Ein Stück weiter steht an der Ecke Markt/Gernandusstraße das Gebäude der **alten Apotheke**, in dem sich heute eine Bank befindet. Direkt daneben sind die fünf Häuser zu sehen, die Theodor Fliedner zur ersten Diakonissenanstalt zusammenfasste.

Über die **Klemensbrücke** gelangt man zur U-Bahn-Haltestelle Klemensplatz. 1759 wurde die alte hölzerne Brücke vom Kölner Erzbischof Clemens August durch die heutige aus Stein ersetzt.

› www.kaiserswerth.de. Unter dieser Adresse finden sich weitere Informationen zu Kaiserswerth (Veranstaltungen, Restaurants, Geschäfte usw.).
› Haltestelle: Klemensplatz, U-Bahn U79

056df Abb.: hg

42 Oberkassel ★ [H15]

Der Stadtteil Oberkassel wurde 1909 eingemeindet, wodurch sich Düsseldorf auf die **linke Rheinseite** ausdehnte. Der Name kommt vermutlich von dem lateinischen Wort „Castellum", was Festung bedeutet. Aus römischer Zeit gibt es allerdings keine nennenswerten Funde.

‹ Eine Fahrt auf dem Rhein von der Düsseldorfer Altstadt nach Norden oder Richtung Medienhafen ist immer ein Genuss

Im Gegensatz zur anderen Rheinseite hat dieses Viertel den Zweiten Weltkrieg fast unbeschadet überstanden und so sind hier noch viele Häuser und Villen im **Gründerzeit-** und **Jugendstil** zu sehen. Die Häuser an der Rheinfront zwischen der Oberkasseler und der Rheinkniebrücke sind besonders schön und stehen unter Denkmalschutz. Ein Spaziergang am Rhein entlang lohnt sich. Oberkassel ist heute ein **exklusives Wohnviertel,** das vor allem bei den Japanern in Düsseldorf sehr beliebt ist.

Einmal im Jahr findet auf den Rheinwiesen zwischen Oberkasseler- und Rheinkniebrücke die **Kirmes** statt (s. S. 103). Sie gilt mit etwa vier Millionen Besuchern als größte Kirmes am Rhein und ist gleichzeitig Schauplatz des Schützenfestes.

› Haltestelle: Luegplatz, U-Bahn U70, 74, 75, 76, 77

43 EKO-Haus der japanischen Kultur ★★ [E12]

Das EKO-Haus ist das **kulturelle Zentrum der japanischen Gemeinde.** Es wurde 1993 gegründet und liegt idyllisch im Stadtteil Niederkassel. Die Anlage ist in einen schönen **Garten** eingebettet und besteht aus einem **buddhistischen Tempel** und in traditionellem japanischem Stil gehaltenen Räumen für **Veranstaltungen.** Hier finden regelmäßig Feste, Konzerte, Kurse in traditionellen japanischen Künsten oder Teezeremonien statt.

› Brüggener Weg 6, Tel. 5779180, www.eko-haus.de, Eintritt: 3,50 €, Schüler/Studenten 2,50 €, geöffnet: Di.–So. 13–17 Uhr (außer feiertags und in der Schließungszeit, meist in Osterferien)

› Haltestelle: Heerdter Sandberg, U-Bahn U70, 76, 77, oder Niederkasseler Kirchweg, Bus 834

44 Südpark ★ [M21]

Düsseldorf gilt als **Gartenstadt** und hat dafür auch bereits Preise eingeheimst. Der Südpark, einer der größten Parks, findet sich, wie der Name schon vermuten lässt, im Süden Düsseldorfs und besteht aus drei Teilen, die sehr unterschiedlich sind. Der erste Bereich heißt **Volksgarten** und wurde 1895/96 angelegt. Der Name ist dabei Programm, denn er sollte ein „Park für das Volk" sein. Aus diesem Grund ist er auch ganz anders gestaltet als der Hofgarten oder der Park um Schloss Benrath, die beide höfisches Leben repräsentierten. Der Volksgarten sollte ein Ort sein, wo die Menschen sich erholen, spazieren gehen, auf den Wiesen liegen, pick-

Zeitfeld im Volksgarten

Am Eingang zum Volksgarten befindet sich eine Sammlung von Uhren des Künstlers ***Klaus Rinke.*** *Sie wurden 1987 zur Bundesgartenschau aufgestellt. Es handelt sich um* ***24 deutsche Bahnhofsuhren,*** *die nach der Braunschweiger Atomuhr, der exaktesten Uhr der Welt, synchronisiert sind und daher alle exakt dieselbe Zeit anzeigen. 23 der Uhren stehen auf hohen, schmalen Füßen, eine weitere, die „Mutteruhr", liegt auf dem Boden. Nachts sind die Zeitmesser* ***beleuchtet.*** *Wenn man auf der Strecke Düsseldorf – Köln unterwegs ist, kann man die Uhren vom Zug aus sehen. Das Bizarre daran: Die Zuggäste haben im Vorbeirasen den Eindruck, dass die Uhren unterschiedliche Zeiten anzeigen. Ein Beispiel dafür, dass Zeit subjektiv wahrgenommen wird?*

nicken und spielen konnten und so ist es bis heute geblieben. Im Sommer wird er von allen Gesellschafts- und Altersschichten und Kulturen genutzt. Es wird Ball gespielt, sich unterhalten, ein Sonnenbad genommen und gegrillt. Musiker liefern dazu die nötige Hintergrundmusik.

Der zweite Parkabschnitt, **„Vor dem Deich“** genannt, ist ein eher naturnah belassener Lebensraum mit Wiesen und Wasser. Ausgangspunkt war ein auf der Südseite gelegener Baggersee. Hier gedeiht an den Ufern eine üppige Vegetation und es nisten viele Vögel (Vogelschutzzone). Die Verbindung zwischen den beiden Teilen, dem historischen Volksgarten und dem naturnahen Bereich, heißt **„In den Gärten“**. Er zeichnet sich durch eine 600 Meter lange Wasserachse aus, entlang derer zahlreiche Themengärten arrangiert sind. Im westlichen Teil des Südparks befinden sich auch eine Spielwiese für Kinder, ein Bauernhof mit Streichelzoo sowie ein nettes Café.

› Volksgarten, www.duesseldorf.de/stadtgruen/park/suedpark/index.shtml, geöffnet: ganzjährig, Haltestelle: D-Volksgarten Straßenbahn 706 oder S1, S6

45 Schloss Benrath ★★

Schloss Benrath wurde 1756 bis 1773 im Süden von Düsseldorf nach Plänen von Nicolas de Pigage unter Kurfürst Carl Theodor von der Pfalz als Sommerresidenz erbaut. Das Ensemble umfasst das **Lustschloss**, den **Jagdpark**, einen **Weiher** und ein System von **Kanälen.** Es ist ein Beispiel für den Übergang vom Rokoko zum Klassizismus, gilt als bedeutsamstes **architektonisches Gesamtkunstwerk** in Düsseldorf und steht seit 1984 **unter Denkmalschutz.**

Schloss Benrath im Süden von Düsseldorf entstand unter Kurfürst Carl Theodor im 18. Jh. als Sommerresidenz

072df Abb.: hg

Bereits im 17. Jh. stand in Benrath ein Wasserschloss, das vom Vater Jan Wellems, Pfalzgraf Philipp Wilhelm, in Auftrag gegeben worden war und 1666 fertiggestellt wurde. Es diente als Sommersitz und für die Jagd. Unter Baumeister Nicolas de Pigage wurde das alte Gebäude jedoch abgerissen und nur die Orangerie blieb erhalten.

Ursprünglich wurde das **„Maison de Plaisance“** von Kurfürst Carl Theodor für die Jagd genutzt, heute beherbergt es **drei Museen.** Das **Corps de Logis** bildet den mittleren Teil des Schlosses. Es wird von zwei **Flügelbauten** und zwei **Torhäusern** flankiert und vermittelt einen Eindruck vom höfischen Leben. Dieser Teil kann nur im Zuge einer Führung (täglich) besichtigt werden. Im Ostflügel zeigt das **Museum für Europäische Gartenkunst** seit 2002 Exponate rund um das Thema Garten und im Westflügel ist bereits seit 1929 das **Museum für Naturkunde** untergebracht. Schwerpunkt ist hier die Naturgeschichte der Niederrheinischen Bucht und des Niederbergischen Landes. Das Schloss wird auch für **repräsentative Zwecke** genutzt. So wurde 2004 hier der Staatsempfang für Königin Elisabeth II. von England ausgerichtet.

Südlich des Schlosses erstreckt sich der **Schlosspark.** Er besteht aus mehreren Gärten, die zu unterschiedlichen Zeiten (ab dem 17. Jh.) entstanden sind. Der **Spiegelweiher** wird von Bäumen und Rasenstreifen gesäumt. Östlich befindet sich die Orangerie, westlich davon ein Waldpark, der sich fast bis zum Rhein erstreckt. Ein **Kanalsystem** und ein **sternförmiges Wegenetz** durchziehen das gesamte Areal. Östlich des Schlossgebäudes befindet sich ein **Französischer Barockgarten,** westlich ein **Englischer Landschaftspark.**

Das Schloss ist nur im Rahmen einer Führung zu besichtigen. Für eine kleine Pause bietet sich das Schlosscafé mit Terrasse an.

› Benrather Schlossallee 100–106, Tel. 8993832, Besucherservice: Tel. 8921903, Kasse im westlichen Torhaus, www.schloss-benrath.de. Schlossbesuch nur im Rahmen einer Führung möglich: Nov.–März Di., Sa., So. 11, 12.30, 14 und 16, Mi.–Fr. 14 und 16 Uhr, April–Okt. Di. 11, 12.30, 14 und 16, Mi.–Fr. 14 und 16, Sa., So. 11, 12.30, 13.30, 14, 16 und 17 Uhr. Der Park ist ganzjährig rund um die Uhr geöffnet. Eintritt: Tagesticket für alle Museen (inkl. Schlossführung und Blick hinter die Kulissen) 14 €, ermäßigt 10 €, Kinder bis 6 Jahre frei, 6–17 Jahre 6 €, Familienkarte (zwei Erwachsene und alle eigenen Kinder unter 18 Jahren) 28 €; Corps de Logis (inkl. Schlossführung) 10 €, ermäßigt 6 €, bis 6 Jahre frei, 6–17 Jahre 3 €; Museum für Europäische Gartenkunst und Museum für Naturkunde jeweils 6 €, ermäßigt 4 €, bis 6 Jahre frei, 6–17 Jahre 3 €. Eintritt in den Schlosspark frei.

› **Schlosscafé,** Tel. 26179248, Nov.–März Di.–Fr. 10–18, Sa., So. 10–19 Uhr, April–Okt. Di.–So. 10–20 Uhr.

› Haltestelle: Schloss Benrath, U-Bahn U71, 83

DÜSSELDORF ERLEBEN

002df Abb.: hg

024df Abb.: hg

Düsseldorf für Kunst- und Museumsfreunde

Düsseldorf ist als Kunst- und Kulturstadt bekannt. Den Grundstein hierfür legte im 17. Jh. Kurfürst Jan Wellem mit seiner einzigartigen Kunstsammlung. Im 18. Jh. wurde dann die Kunstakademie gegründet, die zu Weltruhm kam und mit hochkarätigen Namen wie Wilhelm von Schadow, Paul Klee, Joseph Beuys und Jörg Immendorff verbunden ist. Aber auch durch die zahlreichen Museen und Galerien wird Düsseldorf seinem Ruf als Kulturmetropole gerecht.

Im 17. Jh. legte Kurfürst **Jan Wellem** in Düsseldorf eine einzigartige **Kunstsammlung** an, für die er eine Galerie bauen ließ. Die Sammlung umfasste Werke von Rubens, Rembrandt und Raffael und durch sie wurde Düsseldorf als Kunststadt bekannt. Da Jan Wellem keine Kinder hatte und seine Erben im Süden Deutschlands wohnten, befinden sich heute aber fast alle Werke der ursprünglichen Sammlung in München.

1762 wurde in Düsseldorf eine **private Zeichenschule** gegründet, die sich am Marktplatz im (blauen) Haus des Künstlers Gabriel de Grupello befand. Aus dieser ging dann 1773,

Vorseite: Der untere Teil der Rheinuferpromenade lockt mit einem breiten gastronomischen Angebot

Im Hetjens-Museum (s. S. 67) kann man Keramik aus aller Welt betrachten

nachdem Düsseldorf den Zuschlag für den Bau der Akademie der schönen Künste erhalten hatte, die **Kunstakademie** ⑰ hervor. Kurfürst Carl Theodor richtete die Akademie ein. Sie war zunächst in verschiedenen Gebäuden untergebracht, bevor sie 1879 endgültig das heutige Gebäude an der Eiskellerstraße bezog. In diesem stattlichen Neorenaissancebau von Hermann Riffart erhielten viele bekannte Künstler ihre Ausbildung.

Der erste Direktor der Akademie war **Peter Cornelius.** Unter ihm und seinem Nachfolger **Wilhelm von Schadow** (1788–1862) kam die Kunstakademie zu **Weltruf** und wurde vor allem durch ihre **Genremalerei** bekannt. Auch kamen viele ausländische Künstler nach Düsseldorf, denn die künstlerische Bewegung der Stadt galt als eine der fortschrittlichsten Europas. Der Ruf der Schule reichte sogar bis nach Amerika, wo 1849 in New York eine Galerie mit dem Namen „The Dusseldorf Gallery" eröffnet wurde.

Im Februar 1919 wurde der **Künstlerbund „Das Junge Rheinland"** gegründet, der sich in der Galerie „Junge Kunst – Frau Ey" von Johanna Ey traf. Die Vereinigung diente vor allem als Plattform für die neue rheinländische Kunst. Jeder nach Neuerung strebende Künstler wurde aufgenommen und Mitglieder waren u. a. Herbert Eulenberg, Arthur Kaufmann, Adolf Uzarski, Otto Pankok, Gert Wollheim, Otto Dix und Max Ernst.

Berühmte Künstler wie z. B. Wilhelm Busch, der später mit „Max und Moritz" viele Kinder begeisterte, oder der Schriftsteller Günther Grass, der zwar Bildhauerei studierte, aber später den Nobelpreis für Literatur erhielt, waren an der **Kunstakademie** in Ausbildung. **Paul Klee, Joseph Beuys, Jörg Immendorff** und **Markus Lüpertz** sind nur einige der hochkarätigen Professoren, die hier wirkten. Beuys studierte auch an der Kunstakademie, und zwar bei Ewald Mataré, und entdeckte schließlich die Performancekunst für sich. Seiner Ansicht nach konnte „jeder Mensch ein Künstler" sein.

Jörg Immendorff, der ab 1996 Professor an der Kunstakademie war, studierte ebenfalls hier, zunächst Bühnenbild und ab 1964 bei Joseph Beuys Kunst. Schon früh malte er gegenständliche Bilder mit politisch-gesellschaftskritischen und immer auch visionären Inhalten. Er gehörte zu den hundert wichtigsten Künstlern der Welt und erhielt 1997 den höchstdotierten Kunstpreis der Welt, den das Museo de Arte Contemporáneo (MARCO, Monterrey/Mexiko) vergibt.

Museen

5 [J16] **Akademie Galerie – Die neue Sammlung,** Burgplatz 1, Tel. 13960, www.kunstakademie-duesseldorf.de, geöffnet: Mi.–So. 12–18 Uhr, Eintritt: 6 €, ermäßigt 4 €. Bitte vorher Termine anfragen, da die Sammlung immer nur für ein paar Wochen im Jahr öffnet! In dem ehemaligen Gebäude der Kunstgewerbeschule werden Wechselausstellungen präsentiert. Hier haben Künstler, die an der Akademie studiert haben und nach ihrer Ausbildung bekannt wurden, aber auch Professoren die Möglichkeit, ihre Werke der Öffentlichkeit zu präsentieren. Die Sammlung ist als Lehr- und Vorbildsammlung gedacht und umfasst Werke der Malerei, Skulpturen, Fotografie und Objektkunst.

㊵ [G7] **Aquazoo-Löbbecke Museum.** Das Museum ist mit seiner Kombination aus Zoo und Aquarium/Terrarium einzigartig in Deutschland. Zu sehen sind lebende

Tiere, aber auch Fossilien, Schautafeln und weitere Exponate aus insgesamt 25 Themenbereichen (s. S. 55).

M6 [I17] **Filmmuseum,** Schulstraße 4, Tel. 8992232, www.duesseldorf.de/filmmu seum, geöffnet: Di.–So. 11–18 Uhr, Eintritt: 5 €, ermäßigt 2,50 € (Sonderausstellungen 7 €, ermäßigt 5 €), Kinder und Jugendliche unter 18 Jahren frei, tgl. ab 17 Uhr generell Eintritt frei. 1993 eröffnete das Filmmuseum und heute lassen mehr als 3000 Exponate die Geschichte des Films lebendig werden. Düsseldorf hat einige der ganz großen Namen des Filmgeschäfts hervorgebracht, so beispielsweise den Schauspieler Gustaf Gründgens und die Regisseure Helmut Käutner und Wim Wenders. Die Dauerausstellung des Museums wird durch Filmreihen ergänzt, die in der sogenannten „Black Box", dem Kino des Filmmuseums laufen. Die Spannbreite reicht von Filmen aus der Stummfilmzeit bis in die Gegenwart. Wert wird dabei vor allem auf die Darbietung von kleineren, unkonventionelleren Filmprojekten gelegt.

Hier befinden sich drei Jahrzehnte Karneval auf drei Etagen

26 [L15] **Goethe-Museum.** Die Sammlung des Museums im Schloss Jägerhof umfasst ca. 35.000 Exponate zu Leben und Werk Goethes (s. S. 42).

M7 [I16] **Haus des Karnevals,** Zollstraße 9, www.helau.cc/de/haus-des-karnevals-27.html, Tel. 330101, geöffnet: Mo.–Do. 9–16.30 Uhr, Fr. 9–13 Uhr, Eintritt: 3 €. Führungen sind möglich, müssen aber vorher vereinbart werden. Wer die Zollstraße vom Marktplatz Richtung Rhein geht, stößt auf das Haus des Karnevals, das an seiner Fassade eine Hoppeditz-Figur (s. S. 29) aufweist und so gut zu erkennen ist. In einem Gebäude aus dem 17. Jh. präsentiert das Museum mit verschiedenen Objekten drei Jahrzehnte Karneval auf drei Etagen. Eine weitere Hoppeditz-Figur, ein Werk des Düsseldorfer Künstlers Bert Gerresheim, befindet sich hinter dem Museum.

M8 [J17] **Heinrich-Heine-Institut,** Bilker Straße 12–14, Tel. 8992902, www.duesseldorf.de/heineinstitut, geöffnet: Di.–Fr. und So. 11–17 Uhr, Sa. 13–17 Uhr, Eintritt: 4 €, ermäßigt 2 €, bis 18 Jahre frei, tgl. ab 16 Uhr und So. ganztags Eintritt frei. In Düsseldorf befindet sich das weltweit einzige Heinrich-Heine-Museum und eine Gedenk- und Forschungsstätte zu seinem Leben und Werk. Basis war die seit 1905 zusammengetragene Heine-Sammlung, 1970 wurde dann das Heinrich-Heine-Institut gegründet, das seit 1974 ein eigenes Domizil hat. Die ständige Ausstellung zeigt Originalhandschriften und weitere authentische Dokumente. Neben der Dauerausstellung gibt es auch regelmäßig Sonderausstellungen zu weiteren literarischen, musikalischen und kulturellen Themen.

M 9 [I17] **Hetjens-Museum für Keramik,** Schulstraße 4, Tel. 8994210, www.duesseldorf.de/hetjens-museum, geöffnet: Di.–So. 11–17, Mi. bis 21 Uhr, Eintritt: 4 €, ermäßigt 2 €, Sonderausstellungen 5 €, ermäßigt 2,50 €, bis 18 Jahre sowie So. generell Eintritt frei. Das Hetjens-Museum ist das einzige Museum in der Welt, das die Geschichte der Keramik von ihren Anfängen bis in die Gegenwart präsentiert. Die Sammlung wurde von Laurenz Heinrich Hetjens (1830–

026df Abb.: hg

In Düsseldorf befindet sich das weltweit einzige Heine-Museum *(s. S. 66)*

Robert Schumanns Leben in Düsseldorf

Schräg gegenüber dem Heinrich-Heine-Institut befindet sich das Haus, in dem Robert Schumann mit seiner Familie wohnte, als er in Düsseldorf als ***Musikdirektor*** *tätig war. Clara Schumann, die wohl angesehenste Pianistin der damaligen Zeit, empfing ihre Schüler im ersten Stock, Robert komponierte im Stockwerk darüber. Mit fünf Kindern waren sie in Düsseldorf angekommen, zwei weitere wurden dort geboren und sind in dem Haus aufgewachsen.*

Für Robert Schumann war der Posten in Düsseldorf die erste Festanstellung. Er sollte Abonnementskonzerte für den städtischen Musikverein und Aufführungen in der St.-Maximilian- und der St. Lambertuskirche dirigieren. Leider war diese Tätigkeit nicht von Erfolg gekrönt und man legte ihm nahe, die Leitung abzugeben. Nun voll auf seine Kompositionen konzentriert, schuf er insgesamt ***ein Drittel seines Gesamtwerks*** *in Düsseldorf, u. a. auch die „Rheinische Symphonie“.*

Auch seine Erfolge als Komponist vermochten aber nicht, seiner Nervenkrankheit Einhalt zu gebieten. Am Rosenmontag 1854 wollte er ***Selbstmord*** *begehen und stürzte sich in den Rhein. Er wurde gerettet und danach auf seinen eigenen Wunsch in eine* ***Nervenheilanstalt*** *eingewiesen. Lange war dieses Haus eine Gedenkstätte und beherbergte Exponate aus Robert Schumanns Leben. Diese sind seit 2020 im Heinrich-Heine-Institut* *(s. S. 66)* *zu sehen.*

› ***www.schumann-gesellschaft.de***

EXTRATIPPS

Kunst-Termine

Jedes Jahr im Februar öffnet die **Kunstakademie** 17 im Rahmen des **Akademierundgangs** für ein Wochenende ihre Pforten und Studenten präsentieren in den Ateliers ihre Werke der Öffentlichkeit. Joseph Beuys, Jörg Immendorff und Günter Grass haben in der Akademie studiert. Ein Blick auf die angehenden Künstler lohnt sich also.

› www.kunstakademie-duesseldorf.de

Während der **Nacht der Museen** im April bzw. Mai haben alle 40 Kulturinstitute der Stadt geöffnet. Hier findet man alles von Malerei über Keramik bis hin zu Informationen über Heinrich Heine. Ein Shuttlebus verkehrt zwischen den einzelnen Kunstorten und verbindet sie miteinander. Dazu gibt es ein attraktives Rahmenprogramm mit Musik.

› www.nacht-der-museen.de

Seit 1997 gibt es die **Kunstpunkte.** Einige Hundert Künstler in Düsseldorf öffnen dann an zwei aufeinander folgenden Wochenenden im August bzw. September ihre Ateliers. Shuttlebusse verbinden die einzelnen Stationen. Es können auch Touren gebucht werden, bei denen Künstler fachkundig die Arbeiten ihrer Künstlerkollegen erklären.

› www.kunstpunkte.de. **Tickets** für die geführte Tour sind im Kulturamt (s. u.) oder bei Hollmann Presse & Buch in den Schadow Arkaden (s. S. 92) erhältlich.

ℹ 11 [G19] **Kulturamt,** Zollhof 13, Tel. 8996100, www.duesseldorf.de/kulturamt, geöffnet: Mo.–Fr. 9–12 Uhr

1906) über viele Jahre zusammengetragen und umfasst ca. 2000 Exponate, die er der Stadt Düsseldorf vermachte. Seine einzige Bedingung: Die Stadt musste innerhalb eines Jahres beginnen, ein Museum dafür zu bauen. Dafür steuerte er selbst ca. 150.000 Goldmark bei. Bei Nichteinhalten sollte die Sammlung übrigens nach Köln gehen. Inzwischen ist die Zahl der Objekte auf ca. 15.000 angewachsen und reicht von frühzeitlicher Keramik bis zu industriell gefertigtem Porzellan. Zu sehen sind z. B. vorantike Gefäße, etruskische Sarkophage, griechische Vasen, frühe Keramik aus Ostasien oder dem Iran, aber auch rheinisches Steinzeug, französische Fayencen und europäisches Porzellan bedeutender Manufakturen. Eine hochkarätige Sammlung von Keramik des Jugendstils ist durch eine Schenkung des Düsseldorfer Architekten und Mäzens Dr. Helmut Hentrich hinzugekommen.

M 10 [D14] **Julia Stoschek Collection,** Schanzenstraße 54, Tel. 5858840, www.jsc.art, geöffnet: So. 11–18 Uhr, Eintritt frei. Die internationale Privatsammlung präsentiert zeitgenössische Kunst mit einem Schwerpunkt auf Medienkunst. Gezeigt werden Videos, Fotografien, Installationen, Malerei und Skulpturen in jährlich wechselnden Ausstellungen.

7 [J15] **K20 – Kunstsammlung Nordrhein-Westfalen.** Eines der wichtigsten Museen für Kunst des 20. Jh. Schwerpunkt ist die Malerei der westeuropäischen und amerikanischen Moderne. Die Sammlung umfasst Werke von Paul Klee, Matisse, Pablo Picasso, Piet Mondrian, Max Ernst, Kandinsky, Rauschenberg und Pollock sowie Düsseldorfer Künstler wie Beuys und Immendorff (s. S. 23).

15 [J19] **K21 – Kunstsammlung Nordrhein-Westfalen.** Das K21 ist eine Dependance des K20 und bietet Kunst ab den 1980er-Jahren. Gezeigt werden

vor allem großformatige Bilder, Videoinstallationen, Performances sowie fotografische Werke zeitgenössischer Künstler wie Andreas Gursky, Candida Höfer, Jeff Wall und Eija-Liisa Athila (s. S. 32).

12 [I18] **KIT – Kunst im Tunnel,** Mannesmannufer 1b, Tel. 52099596, www.kunst-im-tunnel.de, geöffnet: Di.–So. 11–18 Uhr, Eintritt: 4 €, ermäßigt 3 €, bis 18 Jahre sowie jeden 2. Sonntag generell Eintritt frei. KIT steht für „Kunst im Tunnel" und ist der einzige unterirdische Ausstellungsraum für Kunst und entstand, als der Rheinufertunnel gebaut wurde. Die Räumlichkeiten befinden sich zwischen den Tunnelröhren für den Autoverkehr. Auf 850 m² präsentiert sich hier ein Treff für zeitgenössische Kunst, wo auch aktuelle Arbeiten von Studenten und Absolventen der Kunstakademie vorgestellt werden. Welche Ausstellung gerade präsentiert wird, erfahren Interessenten durch das hauseigene Magazin. Es kann auf der Website unter „Publikationen" gegen Gebühr bestellt werden. Der Eingang zum KIT führt durch das KIT Café (s. S. 86) auf der Rheinuferpromenade.

13 [J16] **Kunsthalle und Kunstverein,** Grabbeplatz 4, Tel. 8996240, www.kunsthalle-duesseldorf.de, geöffnet: Di.–So./feiertags 11–18 Uhr, Eintritt: 6 €, ermäßigt 3 €, bis 18 Jahre frei. Jeden 2. Sonntag im Monat ganztags und jeden letzten Donnerstag im Monat von 18 bis 20 Uhr (Familientag) freier Eintritt. Das kubusartige Gebäude wurde 1967 eröffnet und war früher bekannt für seine provokanten Ausstellungsaktivitäten. Künstler wie z. B. Marcel Broodthaers, Daniel Spoerri, Claes Oldenburg, Francis Bacon, Sigmar Polke, Yves Klein, Gerhard Richter, Julian Schnabel und Donald Judd, die damals noch unbekannt waren und heute zu den Großen der Kunstszene gehören, stellten hier aus. So gehörte die Kunsthalle in den 1960er- und 1970er-Jahren zu den wichtigsten Kunststätten. Heute werden hier internationale Wechselausstellungen gezeigt, die über Tendenzen in der zeitgenössischen Kunst informieren sollen. Die Kunsthalle teilt sich das Gebäude mit dem „Kunstverein für die Rheinlande und Westfalen", dem ältesten und mitgliederstärksten Kunstverein Deutschlands (Tel. 2107420, www.kunstverein-duesseldorf.de, Öffnungszeiten und Eintrittspreise wie Kunsthalle).

14 [J16] **Mahn- und Gedenkstätte,** Mühlenstraße 29, Tel. 8996205, www.duesseldorf.de/mahn-und-gedenkstaette.html, geöffnet: Di.–Fr., So. 11–17, Sa. 13–17 Uhr. Hier wird den Opfern des Nationalsozialismus bzw. der Verfolgung und Ermordung von Juden, Kommunisten und Zigeunern in Düsseldorf gedacht. Bereits der Ort hat geschichtlichen Wert, denn hier wurden 1933/1934 politische Gefangene inhaftiert und später wurde es ein Gebäude der Wehrmacht. Die Gedenkstätte wurde 1987 eröffnet. Neben der ständigen Ausstellung mit dem Thema „Verfolgung und Widerstand in Düsseldorf von 1933–45" gibt es auch Sonderveranstaltungen.

› **Museum für Europäische Gartenkunst,** im **Schloss Benrath** 45. Das Museum befindet sich in einem Seitenflügel des Schlosses im Süden von Düsseldorf und wurde 2002 eröffnet. Im Westflügel ist seit 1929 das **Museum für Naturkunde** untergebracht. Der Mittelbau des Schlosses, der sogenannte **Corps de Logis,** zeigt das höfische Leben. Dieser Teil kann nur bei Führungen besichtigt werden.

15 [J14] **Museum Kunstpalast,** Ehrenhof 4–5, www.kunstpalast.de, Tel. 56642100, geöffnet: Di./Mi. und Fr.–So. 11–18 Uhr, Do. 11–21 Uhr, Eintritt: 14 €, ermäßigt 11 €, unter 18 Jahren frei. Die Sammlung umfasst Werke der Düsseldorfer Malerschule, Alte Meister und Werke bis hin zur Klassischen

KLEINE PAUSE

Kulinarisches im NRW-Forum

Zwischen den beiden Ausstellungsräumen des NRW-Forums (s. S. 70) befindet sich das Lokal **PONG,** das in einem 11 m hohen Kuppelraum in Backsteinoptik untergebracht ist. Es wurde zusammen mit der Künstlergruppe „Inges Idee" gestaltet und bildet einen ruhenden Pol im Museum. Man kann in Kunstbüchern, aktuellen Kunstmagazinen und Zeitungen blättern. Das Café, in dem auch kleine Speisen angeboten werden, ist nicht nur für Besucher des NRW-Forums zugänglich. Im Sommer hat man von der Terrasse aus einen guten Blick auf den Hofgarten-Park.

› geöffnet Di.-Fr. 12-20, Sa. 13-21, So. 12-18 Uhr

Moderne. Ein Highlight sind auch die Graphische Sammlung und das Glasmuseum Hentrich.

M16 [J14] **NRW-Forum,** Ehrenhof 2, Tel. 56642749, www.nrw-forum.de, geöffnet: Di.-Do. 11-18, Fr. 11-21, Sa. 10-21, So. 10-18 Uhr. Eintritt: Di.-Do. 6 €, ermäßigt 4 €, Fr.-So., feiertags 8 €, ermäßigt 5 €, bis 17 Jahre Di.-So. 1 €. Das internationale Kulturzentrum bietet Wechselausstellungen zu Fotografie, Kunst, Design, Architektur und Medienkunst. Festivals, Symposien, Workshops, Messen und Filmvorführungen ergänzen das Programm. Im Mittelpunkt der künstlerischen Auseinandersetzung stehen aktuelle gesellschaftliche Themen. Jeden letzten Freitag im Monat um 18 Uhr wird eine kostenlose Führung angeboten.

M17 [I16] **Schifffahrtmuseum,** Burgplatz 30, www.freunde-schifffahrtmuseum.de, Tel. 8994195, geöffnet: Di.-So. 11-18 Uhr, Eintritt: 3 €, ermäßigt 1,50 €, bis 18 Jahre frei. Vom ehemaligen Schloss auf dem Burgplatz ist nach einem Brand nur noch der Turm übrig geblieben, in dem sich seit 1984 das Schifffahrtmuseum befindet. Es dokumentiert 2000 Jahre Rheinschifffahrt. In der letzten Etage befindet sich in der „Laterne" des Turms ein Café mit Blick auf den Rhein (s. S. 86).

M18 [I17] **Stadtmuseum,** Berger Allee 2, Tel. 8996170, www.duesseldorf.de/stadtmuseum, geöffnet: Di.-So. 11-18 Uhr, Eintritt: 4 €, ermäßigt 2 €, bis 18 Jahre frei, Di.-Sa. 17-18 Uhr und So. ganztags Eintritt frei. Ein Rundgang führt durch die Geschichte Düsseldorfs von der Steinzeit bis heute. Düsseldorfs Zeit als Residenzstadt wird genauso beleuchtet wie die der Industrialisierung. Links geht es zur Dauerausstellung. Rechts kauft man sich ein Ticket und geht dann die Treppe hoch in den ersten Stock, wo wechselnde Ausstellungen stattfinden, z. B. zu Mutter Ey, der berühmten Galeristin (s. S. 71), oder dem Jülich-Klever-Erbfolgestreit. Sonntags werden themenbezogene Führungen oder Führungen für Kinder und Eltern angeboten.

25 [K15] **Theatermuseum.** Der ehemalige Wohnsitz des Hofgärtners ist seit 1988 Sitz des Theatermuseums, das mehr als 400 Jahre Theatergeschichte präsentiert. Das Programm umfasst Aufführungen, wechselnde Ausstellungen, Diskussionsrunden, Lesungen und Kurse (s. S. 41).

Kunstgalerien

Düsseldorf ist eine Stadt der Kunst und Kultur und neben Museen gibt es auch zahlreiche Galerien. Entlang der Königsallee und in der Altstadt finden sich viele bekannte Galerien, aber auch in Flingern ist die Galeriedichte ausgesprochen hoch.

G19 [J17] **Beck & Eggeling,** Bilker Str. 4-6 und Bilker Str. 5, Tel. 4915890, www.beck-eggeling.de, geöffnet: Di.-Fr.

Mutter Ey – die erste weibliche Galeristin Düsseldorfs

Johanna Ey wurde 1864 als ***Tochter eines Bauern*** *geboren. Sie heiratete einen Braumeister und bekam 12 Kinder, von denen aber nur vier überlebten. 1904 zog ihr Mann nach Berlin und sie ließ sich einige Jahre später* ***scheiden,*** *was für eine Frau zur damaligen Zeit eigentlich undenkbar war. Sie aber änderte mit fast 50 Jahren ihr Leben radikal.*

Um sich und ihre vier Kinder durchzubringen, eröffnete sie eine ***Bäckerei*** *in der Ratinger Straße. Die Kunstakademie lag nicht weit entfernt und deshalb kamen viele Studenten in ihr Geschäft. Viele von ihnen hatten allerdings kaum Geld, weshalb Johanna Ey auch* ***Kunstwerke als Bezahlung*** *akzeptierte. Das sprach sich schnell herum und so hatte „Mutter Ey" bald mehr Bilder im Laden als Kuchen in der Theke. Schließlich eröffnete sie einen* ***Kunsthandel*** *mit Bildern von Malern der Düsseldorfer Kunstakademie. Die Galerie entwickelte sich zum Treffpunkt der Künstlergruppe* ***„Das Junge Rheinland",*** *zu der u. a. Max Ernst, Otto Dix, Gert Wollheim und Otto Pankok gehörten.*

Ende der 1930er-Jahre wurde die meiste von Mutter Ey ge- und verkaufte Kunst von den Nazis als ***entartet*** *bezeichnet und sie musste ihr Geschäft schließen. Zwar versuchte sie nach dem Krieg, eine neue Galerie aufzubauen, scheiterte damit jedoch und starb schließlich 1947. Ein Porträt von ihr ist hoch oben an einem Gebäude in der Mutter-Ey-Straße zu sehen, rechts neben dem Kom(m)ödchen (s. S. 90).*

023df Abb.: hg

Skulptur von Johanna Ey, einer wichtigen Persönlichkeit der Düsseldorfer Kunstszene

10–13 und 14–18 Uhr, Sa. 11–16 Uhr. Das Kunsthaus Beck & Eggeling präsentiert in zwei getrennten Gebäuden Kunst des 19. und 20. Jahrhunderts. Hinter den beiden Namen stehen die Kunsthistorikerin Dr. Ute Eggeling und der Kunsthändler Michael Beck. Im „Beck & Eggeling International Fine Art", das sich in einem Stadtpalais aus dem 18. Jahrhundert befindet, präsentiert die Galerie

027df Abb.: hg

Kunst an der Kunsthalle

Neben der Kunsthalle (s. S. 69) stehen vier weibliche Figuren, die früher das Gebälk der alten Kunsthalle getragen haben. Sie wurde 1881 eröffnet, aber während des Zweiten Weltkriegs größtenteils zerstört. An der gleichen Stelle wurde 1967 die neue Kunsthalle errichtet und die Figuren wurden daneben aufgestellt. Die vier ***Karyatiden*** *sind als Musen dargestellt und stammen vom Bildhauer* ***Leo Müsch.*** *Sie stellen Dichtkunst, Musik, Bildhauerei und Architektur dar. Karyatiden sind weibliche Skulpturen, die in der Architektur als Säulen oder Pfeiler eine tragende Funktion einnehmen.*

◁ Die Karyatiden trugen ursprünglich den Giebel der alten Kunsthalle

vor allem französische Impressionisten von Renoir bis Monet und daneben Werke deutscher Expressionisten wie Nolde, Kirchner oder Macke. Im gegenüberliegenden loftartigen „Beck & Eggeling new quarters" sind jährlich 6–8 Ausstellungen mit internationaler Gegenwartskunst zu sehen.

G20 [J15] **Galerie Breckner,** Altestadt 7, Tel. 54221310, www.galerie-breckner.de, geöffnet: Mo.–Fr. 10–18 Uhr. Der Schwerpunkt in dieser Galerie liegt auf Druckgrafiken, vor allem von Künstlern des 20. Jahrhunderts.

G21 [P16] **Galerie Konrad Fischer,** Platanenstraße 7, Flingern, Tel. 685908, www.konradfischergalerie.de, geöffnet: Di.–Sa. 11–18 Uhr. In einem Hinterhof in Flingern befindet sich eine der renommiertesten Galerien der Stadt. 1967 eröffnete Konrad Fischer seine erste Ausstellung in einem kleinen Raum in der Neubrückenstraße und zeigte vor allem Minimal Art und Konzeptkunst. Künstler wie Bruce Naumann, On Kawara, Thomas Schütte oder Gregor Schneider hatten ihren ersten Auftritt hier. Neu war, dass die Künstler selbst zu Projekten eingeladen wurden und man nicht nur ihre Werke präsentierte.

G22 [J16] **Galerie Max Mayer,** Mutter-Ey-Straße 3, Tel. 54473967, www.maxmayer.net, geöffnet: Di.–Sa. 12–18 Uhr. Die kleine Galerie ist im Schmela Haus untergebracht, das selbst eine Besichtigung wert ist. Das Betonhaus wurde 1971 vom niederländischen Architekten Aldo van Eyck für den Galeristen Alfred Schmela gebaut. Zeitgenössische Kunst wird hier in wechselnden Ausstellungen präsentiert, z. B. von Sarah Kürten, Ei Arakawa oder Maximiliane Baumgartner.

Auf der westlichen Seite der Kunsthalle ragt ein ***Ofenrohr*** *aus der Wand. Dabei handelt es sich um die Kopie eines Kamins im Atelier von* ***Joseph Beuys*** *am Drakeplatz und sie gilt als wichtigstes Kunstwerk im öffentlichen Raum in der Stadt Düsseldorf. Präsentiert wurde das Werk im Rahmen der Ausstellung „SCHWARZ" im Jahr 1981. Beuys nannte es schlicht das „Loch".*

Durch das Ofenrohr kann kreative Energie in die Außenwelt gelangen und umgekehrt kommt frischer Wind in die Kunst. Der Künstler ist so immer am Puls der Zeit.

028df Abb.: hg

Beuys' Ofenrohr ragt aus der Wand der Kunsthalle hervor

23 [P15] **Galerie Schönewald und Beuse Fine Arts,** Lindenstraße 182, Flingern, www.schoenewaldfinearts.de, Tel. 8309406, geöffnet: Di.–Fr. 10–18, Sa. 11–15 Uhr. Schwerpunkt der Galerie sind Werke europäischer und amerikanischer Künstler der 1960er- und 1970er-Jahre. Die renommierte Galerie wurde 1992 in Krefeld gegründet. Das heutige Gebäude, eine ehemalige hydraulische Fabrik, wurde zu einer lichtdurchfluteten Galerie umgebaut. Eröffnet wurde die Galerie mit Werken von Gerhard Richter.

24 [J15] **Galerie Voss,** Mühlengasse 3, Tel. 134982, www.galerievoss.de, geöffnet: Di.–Fr. 10–18 Uhr, Sa. 11–14 Uhr. 1992 gegründet, widmet sich die Galerie vor allem zeitgenössischer Kunst. Mehrere Ausstellungen pro Jahr präsentieren internationale Künstler unterschiedlicher Richtungen.

Kunst unter freiem Himmel

Kunst beschränkt sich nicht nur auf Museen und Galerien, auch im öffentlichen Raum sind Werke zu bewundern. Schwerpunkte sind hierbei die Altstadt und der Medienhafen (s. S. 47), wo eine Vielzahl renommierter Architekten wie Frank O. Gehry, Joe Coenen, William Alsop oder Fumihiko Maki ihre Spuren hinterlassen haben. Er ist zu einer Art „Open-Air-Museum" für Architektur geworden.

•**25** [J16] **Auseinandersetzung,** von Karl-Henning Seemann, Mittelstraße/Ecke Grabenstraße. Mitten in der Einkaufsstraße (Nähe Carlsplatz) stehen zwei lebensgroße Bronzefiguren, die sich streiten. Das Besondere: Sie stehen nicht auf einem Sockel, sondern direkt auf der Erde, so als würden sie den

EXTRATIPP

Der Rosengarten

Gleich hinter dem Stadtmuseum (s. S. 70) befindet sich der **Rosengarten,** in dem man **Skulpturen** bekannter Persönlichkeiten, die in Düsseldorf gelebt haben, begegnen kann, so z. B. der Ferdinand Lassalles, dem Mitbegründer der deutschen Sozialdemokratie, oder der Johanna Eys (s. S. 71). Der Rosengarten ist eine Oase mitten in der Stadt und immer noch ein guter Tipp für eine **ruhige Pause.** Er ist ganzjährig geöffnet.

Betrachter einladen, an ihrer Diskussion teilzuhaben.

- •26 [J16] **Habakuk,** von Max Ernst, Grabbeplatz vor der Kunsthalle. Max Ernst schuf 1934 nach einem anregenden Sommerurlaub mit Alberto Giacometti eine Serie von Gipsplastiken. Auch für den Habakuk (Prophet des Alten Testaments) arbeitete er mit Gussformen, die er mit Gips füllte: Die Abgüsse von drei verschieden großen Blumentöpfen bilden den Körper der Figur, die auf einem Sockel ruht. 1936 überarbeitete er die Figur noch einmal: Der Blick richtet sich jetzt nach oben. Max Ernst zeigt Habakuk so als Wahrsager und Seher. 1971 wurde von Hermann Isenmann ein Bronzeguss in siebenfacher Vergrößerung angefertigt (ursprünglich 52 cm), die jetzt vor der Kunsthalle steht.
- •27 [J18] **Heinrich-Heine-Monument,** von Bert Gerresheim, Schwanenmarkt. Das Monument wurde zum 125. Todestag des Dichters von einem Privatmann in Auftrag gegeben und 1981 fertiggestellt. Der Künstler hat sich von der Totenmaske Heinrich Heines inspirieren lassen, die sich im Heinrich-Heine-Institut in der Bilker Straße befindet. Sie ist unter einem Glassturz zu sehen, weshalb Gerresheim die Bronzemaske unter einen „Kasten" aus Stangen setzte. Der eine Teil ist als Ganzes zu sehen, die andere Hälfte zerschlagen, was auf die Zerrissenheit und das komplizierte Leben Heines hindeuten soll. Das Monument wird von Symbolen für Heines Leben wie eine Zensurschere oder ein Schuh ergänzt (Heines Frau Mathilde war Schuhverkäuferin). Das Monument ist eine Vexierskulptur, d. h., sie kann begangen werden. Der Betrachter setzt sich die Skulptur so selbst aus verschiedenen Perspektiven zusammen.
- › **Säulenheilige,** von Christoph Pöggeler. Der Düsseldorfer Künstler präsentiert seit 2001 an verschiedenen Orten in der Stadt auf Litfaßsäulen täuschend echte Skulpturen von Menschen. Dargestellt werden Menschen, die typisch für das jeweilige Viertel sind. So findet sich z. B. im Medienhafen, vor dem WDR-Gebäude (Westdeutscher Rundfunk, Stromstr. 24), „Marlis", eine junge Frau, die den Kopf in den Nacken legt und nach oben blickt, quasi eine Anspielung darauf, dass die Gebäude im Medienhafen sehr hoch sind. Im Laufe der Zeit sind immer mehr Figuren hinzugekommen. Wer am Bahnhof ankommt, sieht z. B. direkt vor dem Eingang einen Mann mit einem Fotoapparat in der Hand, der Richtung Altstadt blickt.
- •28 [L17] **Segelbrunnen,** von Heinz Mack, Berliner Allee, Platz der Deutschen Einheit. Drei Edelstahlprismen, wie Segel in die Höhe gereckt und von denen das höchste 11 m hoch ist, bilden zusammen einen im Jahr 1988 entstandenen Brunnen. Heinz Mack ist Bildhauer und Maler und war im Jahre 1957 ein Mitbegründer der Gruppe ZERO in Düsseldorf. Das zentrale künstlerische Thema von Mack ist das Licht. In seinen Skulpturen und seinen Bildern versucht er dies zu vermitteln. Der Brunnen ist ein Licht-Wasser-Ensemble, das dem Platz einen Mittelpunkt gibt.

092df Abb.: as©Erika

Düsseldorf für Genießer

Die rheinische Küche ist eher deftig und lässt sich am besten in den urigen, traditionellen Hausbrauereien verkosten. Daneben bietet Düsseldorf aber auch eine breite Palette guter Lokale mit internationaler Küche und natürlich ist die Stadt vor allem auch für ihre japanischen Restaurants bekannt.

Essen und Trinken

Neben Senf und Altbier haben auch **Fisch** und **Muscheln** in der rheinischen Küche schon immer eine große Rolle gespielt, denn bevor Düsseldorf im Jahr 1288 zur Stadt erhoben wurde, war es ein Fischerdorf. Muscheln nach rheinischer Art sind eine Delikatesse. Sie werden in einem Sud aus Möhren, Lauch, Zwiebeln und Weißwein gekocht. Eine typische Spezialität ist auch **Schweinehaxe in Altbiersoße.** Das **Altbier** ist ein obergäriges Bier, bei dem die Gärung bei höherer Temperatur erfolgt. Der Name „Alt" kommt deshalb auch vom lateinischen Wort *altus* („hoch").

Die Geschichte der Stadt ist auch eng mit **Senf,** im Dialekt „Mostert" genannt, verbunden. Nach einer Rezeptur des Senffabrikanten Adam Bernhard Bergrath wurde der ABB-Senf (s. S. 96) hergestellt. 1920 kam dann noch der scharfe Löwensenf dazu und so ist Senf die Basis für viele Gerichte, so z. B. die Düsseldorfer Senfsuppe, ein Gemisch aus Sahne, Milch, Weißwein, Apfelsaft und Senf, das es in sich hat. Typisch sind auch Gerichte mit Gemüse wie **Äazezupp** (Erbsensuppe) oder **Rievkooche** (Reibekuchen), die aus Kartoffeln gemacht werden. Alles in allem ist die rheinische eine deftige Küche, nach deren Genuss man gut etwas zur Verdauung gebrauchen kann. Kein Wunder, dass man in Düsseldorf deshalb auch gleich den **Verdauungslikör** dazu erfunden hat, den Killepitsch, ei-

In Düsseldorf wird Altbier getrunken, ein süffiges, obergäriges Bier

Die Speisekarte verstehen

- Der **Halve Hahn** ist kein halbes Hähnchen, sondern ein Brötchen (meist aus Roggenmehl), das mit Käse belegt ist.
- Beim **Röggelchen** handelt es sich um ein Roggenbrötchen.
- **Killepitsch** ist ein typischer Düsseldorfer Kräuterlikör, der sich aus Alkohol, Zucker und 98 Beeren-, Kräuter- und Wurzelsorten zusammensetzt.
- **Himmel und Äärd** bedeutet „übersetzt" Blutwurst auf Kartoffelpüree.

nen Kräuterlikör, der aus Alkohol, Zucker und 98 verschiedenen Beeren-, Kräuter- und Wurzelsorten besteht.

Neben den traditionell rheinischen Lokalen gibt es in Düsseldorf aber natürlich auch eine Vielzahl hervorragender Restaurants mit **internationaler Küche.** Neben italienischen, französischen und spanischen Lokalen sind auch die Restaurants mit für Europäer „exotischerer" Küche einen Besuch wert, so z. B. die thailändischen, laotischen, vietnamesischen oder chinesischen Gastronomiebetriebe.

Die meisten **japanischen Restaurants** befinden sich in der Immermannstraße [L16–M17], dem Zentrum der japanischen Gemeinschaft, und in der Parallelstraße, der Klosterstraße. Dass die japanische Küche nicht nur Sushi zu bieten hat, lässt sich hier leicht feststellen. Beliebt sind vor allem auch Nudelsuppen oder auch Tempura, also frittierte Speisen wie Gemüse, Meeresfrüchte, Fisch oder Tofu. Die japanische Küche gilt als fettarm und gesund. Zum Essen wird meist Sake, Bier oder Grüner Tee getrunken. Es ist üblich, in einem Restaurant ca. 10 Prozent **Trinkgeld** zu geben. In Japan verhält sich das zwar eigentlich anders – dort gibt man normalerweise kein Trinkgeld, denn der gute Service gehört einfach dazu –, aber die japanischen Lokale in Düsseldorf haben sich an deutsche Verhältnisse angepasst: Wer möchte, gibt also auch hier Trinkgeld. Wichtig: Oft wird bei kleineren japanischen Lokalen an der Kasse bezahlt und in einigen Lokalen ist es üblich, dass man wartet, bis man einen Platz zugewiesen bekommt.

Hervorhebenswerte Lokale

Deutsche bzw. rheinische Küche

29 [G19] **Brauerei Eigelstein** €€, Hammer Straße 17, www.eigelstein-duesseldorf.com, Tel. 6027477, geöffnet: Mo. 11.30–22.30, Di.–Do. 11.30–23.30, Fr., Sa. 11.30–24, So., feiertags 10–22 Uhr. Kölsch in Düsseldorf? Ja, das traditionelle Bier in Düsseldorf ist zwar das Alt, aber wer ein Kölsch verkosten möchte, kann dies in dem Lokal mitten im schicken Medienhafen-Viertel tun. Beliebt ist der Brunch am Sonntag von 10–14 Uhr. Im Sommer bietet das Lokal eine schöne Außenterrasse.

30 [J17] **Brauerei Zum Schiffchen** €€, Hafenstraße 5, Tel. 132421, www.brauerei-zum-schiffchen.de, geöffnet: Mo.–So. 12–24 Uhr, warme Küche bis 22.30 Uhr. Es ist eines der ältesten Lokale in Düsseldorf und schon Napoleon hat hier mit seinen Offizieren gegessen, als er 1811 für einige Tage in der Stadt war. In einem der Säle ist heute

Die Rheinterrasse (s. S. 35) ist das alte Messerestaurant

Gastro- und Nightlife-Areale

Bläulich hervorgehobene Bereiche in den Karten kennzeichnen Gebiete mit einem dichten Angebot an Restaurants, Bars, Klubs, Discos etc.

noch eine Büste von ihm aufgestellt. Bei schönem Wetter kann der Gast auf der großzügigen Außenterrasse sitzen und die deftige Brauhauskost genießen.

31 [I12] **Canoo** €€, Robert-Lehr-Ufer 19, Tel. 49554888, www.canoo-club.de, geöffnet: Mo. 12–21, Di.–Do. 12–23, Fr./Sa. 10–23, So. 10–21, feiertags 10–20 Uhr. Essen auf einem alten Kahn mit Blick auf den Rhein. Minimalistisch eingerichtet. Beliebt ist der Sonntagsbrunch von 10 bis 14 Uhr. Um sich die besten Plätze auf Deck zu sichern, sollte man am besten reservieren. Beliebt sind vor allem der Düsseldorfer Senfrostbraten und die Salate. Montags gibt es jedoch nur Kuchen, Waffeln und Flammkuchen.

32 [J16] **Fischhaus** €€, Berger Straße 3, www.fischhaus-duesseldorf.de, Tel. 8549864, geöffnet: tägl. 11.30–24 Uhr, Küche bis 23 Uhr. Ein beliebtes Fischrestaurant mitten in der Altstadt, das von Einheimischen und Touristen gleichermaßen gern besucht wird. Der vordere Bereich ist im Bistrostil mit blanken Marmortischen gehalten. Die Karte bietet Fisch und Meeresfrüchte vom einfachen Backfisch mit Kartoffelsalat bis hin zu Loup de Mer vom Grill oder Fines-de-Claires-Austern. Draußen kann man dem Treiben in der Altstadt zusehen.

33 [J17] **Heimwerk** €€, Hafenstraße 9, Tel. 86326373, www.heimwerk-restaurant.de, geöffnet: So.–Do. 11.30–24, Fr., Sa. 11.30–1 Uhr. Eine Dependance des Münchner Lokals Heimwerk. Schnit-

Preiskategorien

Die Gastronomiepreise sind in Düsseldorf im Vergleich zu anderen Städten eher hoch. Die angegebenen Preiskategorien beziehen sich auf ein Hauptgericht ohne Getränke.

€	bis 15 €
€€	bis 25 €
€€€	über 25 €

017df Abb.: hg

016df Abb.: hg

zel in verschiedenen Varianten stehen auf der Speisekarte. Das Fleisch ist aus artgerechter Tierhaltung und von regionalen Lieferanten. Gekocht wird ohne Fertigprodukte. Auch Vegetarier und Veganer kommen dank Zucchinischnitzel oder Gemüse-Kartoffelschnitzel auf ihre Kosten. Backhendl, Spinatknödel und Käsespätzle ergänzen die Speisekarte. Und als Nachtisch lockt Kaiserschmarren, z. B. mit warmen Sauerkirschen.

34 [J15] **Im Füchschen** €€, Ratinger Str. 28, Tel. 137470, www.fuechschen.de, geöffnet: Mo.–Do. 9–1 Uhr, Fr./Sa. und vor Feiertagen 9–2 Uhr, warme Küche Mo.–Do., So. bis 23.30, Fr./Sa. bis 24 Uhr. Hier wird Alt frisch gezapft und von den Köbessen (Kellnern) serviert. Dazu gibt es Happen für den kleinen Hunger wie z. B. rheinische Tapas, die aus Gouda, Blutwurst, Mettwurst, Gewürzgurke, Brot und Butter bestehen, oder deftige Hausmannskost. Fleisch- und Wurstwaren kommen aus der hauseigenen Metzgerei. Bei gutem Wetter auch Außenbestuhlung.

35 [J16] **Im Goldenen Kessel** €€, Bolkerstraße 44, www.schumacher-alt.de, Tel. 326007, geöffnet: Mo.–Do./So. 10–24 Uhr, Fr./Sa. 10–1 Uhr, Küche 12–23 Uhr. Hier gibt es typisches Brauhausambiente, rustikal mit blank gescheuerten Tischen, und es wird vor allem rheinische Hausmannskost serviert. Dreimal im Jahr gibt es das „Latzen Jazzen", Jazzmusik und dazu stark eingebrautes Bier. Beliebt sind auch die Stehtische draußen.

36 [J16] **Uerige** €, Berger Straße 1, Tel. 866990, www.uerige.de, geöffnet: tägl. 10–24 Uhr. Das Uerige ist schon seit Langem eine Institution in der Stadt. Vormals ein Weinlokal, dreht sich seit über 150 Jahren alles ums Altbier, und das ist weit über die Stadtgrenzen hin-

Das Zum Schlüssel (s. S. 79) ist eine der traditionellen Düsseldorfer Hausbrauereien

aus bekannt. Der englische Bierkritiker Michael Jackson rechnet es sogar zu den Top 5 der deutschen Altbiere. Essen spielt hier deshalb auch nur eine untergeordnete Rolle. Meist wird ein Tagesgericht angeboten, z. B. am Samstag immer die bekannte Erbsensuppe. Ansonsten lässt man sich kleine Happen zum Bier schmecken: Brötchen mit Blutwurst, Gouda oder Mett.

37 [J16] **Zum Schlüssel** €€, Bolkerstraße 43, www.zumschluessel.de, Tel. 8289550, geöffnet: So.–Do. 10–24 Uhr, Fr./Sa./vor Feiertagen 10–1 Uhr. Eine der traditionellen Hausbrauereien mit urigem Ambiente, leckerem Altbier und rheinischen Spezialitäten wie z. B. der rheinischen Kartoffelsuppe mit Mettenden. Besonders schön lässt es sich im Biergarten im Hof der Neanderkirche sitzen.

Internationale Lokale

38 [J15] **20Grad Restobar** €€, Mutter-Ey-Platz 3, Tel. 01728902320, www.20grad.com, geöffnet: Mo. 18–24, Di.–Do. 12–1, Fr., Sa. 12–2 Uhr. Die trendige Restobar liegt mitten im Andreas-Quartier und ist eine Mischung aus Restaurant und Bar. Das Speiseangebot ist mediterran, so finden sich viele Tapas und andere spanische Kreationen auf der Karte. Dazu gibt es eine große Auswahl an Weinen. Mit großer Terrasse.

39 [N15] **Bar Olio** €€, Schirmerstraße 54, Tel. 3677294, geöffnet: Mo.–Sa. 11–1 Uhr, Küche von 12–16.45 und 18–22.30 Uhr. Das Restaurant befindet sich in einem ehemaligen Wärterhäuschen auf dem Gelände des alten Güterbahnhofs und ist vor allem bei Szenepublikum – von alternativ bis chic – sehr beliebt. Im Angebot ist überwiegend mediterrane Küche. Bei schönem Wetter sind die vielen Tische draußen schnell besetzt.

40 [J18] **Basil's** €€, Haroldstraße 30, Tel. 8681333, www.basils-duesseldorf.de, geöffnet: tägl. 12–1 Uhr. Südlich der Altstadt gelegenes Lokal, das Restaurant und Bar zugleich ist. Auf der Karte stehen mediterrane Gerichte von Pizza und Pasta über Fisch bis zu Fleisch. Mittags gibt es preiswerte Gerichte.

41 [J16] **Bistro Erminig** €, Mutter-Ey-Straße 5, Tel. 56940830, www.erminig.de, geöffnet: Di.–Do. 12–15 und 18–21.30, Fr., Sa. 12–21.30, So., feiertags 12–20 Uhr. In einer Seitengasse der Altstadt befindet sich dieses bretonische Bistro. Hier gibt es vor allem Galettes (salzige Crêpes) und süße Crêpes, und zwar mit feinen, frischen Zutaten, dazu eine große Auswahl an Weinen und Cidre. Das gemütliche Lokal ist eine Oase der Ruhe inmitten der lebhaften Altstadt. Mit Außenterrasse.

42 [J16] **Casita Mexicana** €, Hunsrückenstraße 15, Tel. 86813858, www.casitamexicana.de, geöffnet: Mo.–Do. und So. 12–23 (Küche bis 22 Uhr), Fr./Sa. 12–24 Uhr (Küche bis 23 Uhr). Dieses kleine Altstadtlokal bietet Tacos, Burritos und Quesadillas an, gefüllt mit frischen Zutaten (auch rein vegetarischen). Zu trinken gibt es z. B. frisches Hibiskusblütenwasser und eine große Auswahl an Tequila. Mit Außenterrasse.

43 [M13] **Em Brass** €€, Moltkestraße 122, Tel. 36183617, geöffnet: Mo.–Sa.

EXTRATIPP

Tour de Menu

Mehr als 50 Restaurants vom Brauhaus bis zum Sternerestaurant kochen zwischen Februar und März **im Wettstreit** gegeneinander. Über ca. drei Wochen hinweg können Gäste die Restaurants testen und die Menüs beurteilen. Inzwischen wird auch im Herbst getourt (Informationen unter: www.tour-de-menu.de).

18–23 Uhr. „Em Brass" bedeutet „im Stress", von Hektik ist aber in diesem Lokal nichts zu spüren. Der Koch nimmt sich die Zeit, um die Speisen – Pasta, mediterrane Gerichte mit asiatischen Anleihen und Fischgerichte – frisch zuzubereiten. Das Lokal hat nur ca. 20 Sitzplätze, also sollte man besser reservieren. Bei schönem Wetter gibt es auch draußen Plätze.

44 [J15] **Klee's** €€, Grabbeplatz 5, Tel. 16844816, www.klees.info, geöffnet: Di.–Do. 10–24 (Küche bis 22 Uhr), Fr./Sa. 10–1 (Küche bis 22.30 Uhr), So. 10–22 Uhr. Dieses Restaurant ist direkt im Eckhaus beim K20 7 untergebracht. Es lockt mit Pasta, Fisch und Tapas. Auch halbe Portionen sind möglich. Große Fensterfronten machen es freundlich und hell. Vom Lokal oder der Terrasse aus geht der Blick Richtung Hofgarten oder auf den Grabbeplatz.

45 [I17] **Klosterhof – Bistro im Maxhaus** €€, Citadellstraße 2, Tel. 9010260, www.bistro-klosterhof.de, geöffnet: Di.–Sa. 11–17.30 Uhr. Selbst in Düsseldorf ist der Klosterhof vielen unbekannt. In einem überdachten Innenhof, der zur Maxkirche gehört, wurde ein Bistro eingerichtet, dessen Glasdach in 12 m Höhe über den Gästen „schwebt". Es gibt mediterrane Küche mit regionalen und saisonalen Produkten und nachmittags selbst gebackenen Kuchen. Bei bestimmten Anlässen ist das Restaurant auch abends geöffnet, so z. B. bei Mottodinner wie dem Frühlings-, Sommer- oder Gänsedinner.

46 [G19] **Meerbar** €€, Zollhof 1, Tel. 3398410, www.meerbar.de, geöffnet: So.–Do. 10–1 Uhr, Küche bis 23 Uhr, Fr./Sa. und vor Feiertagen 10–3 Uhr, Küche bis 24 Uhr. Die Meerbar ist nicht nur ein gutes Restaurant für Meeresfrüchte und Fisch aller Art, sondern auch – wie es der Name schon sagt – eine Bar. Große Fenster eröffnen dem Gast den Blick nach draußen und bei schönem Wetter stehen auf der Terrasse bequeme Sofas und Stühle, von wo aus man einen guten Blick auf den Hafen hat. Abends ist sie ein beliebter Treffpunkt für Nachtschwärmer.

47 [J15] **Parlin** €€, Alte Stadt 12–14, Tel. 87744595, www.parlin-weinbar.de, geöffnet: Di.–Sa. 18–24 (Küche bis 23 Uhr), So. 17–23 Uhr (Küche bis 22 Uhr). Direkt in der Altstadt befindet sich dieses Restaurant mit Weinbar. Der Gast speist in schönem Ambiente mit Stuckdecken, dunklen Bistrotischen und großen Spiegeln an der Wand und fühlt sich in ein Bistro in Paris versetzt. Auch die Karte ist vor allem französisch inspiriert – Austern, Crevetten, Gänsestopfleber sowie *Tarte tatin* und *Crème brulée* zum Nachtisch. Dazu kommt eine gute Auswahl an Weinen.

48 [K16] **Phoenix Restaurant & Bar** €€€, Dreischeibenhaus 28, Tel. 30206030, www.phoenix-restaurant.de, geöffnet: Mo.–Fr. 12–14.30 Uhr und ab 18 Uhr, Sa. ab 18 Uhr. Stylishes Restaurant in einem besonderen Gebäude, dem Dreischeibenhaus. Hier gibt es mediterrane Küche auf hohem Niveau. Jedes Gericht ist eine optische und kulinarische Köstlichkeit, z. B. das kross gebratene Doradenfilet mit Cannelloni, gefüllt mit Miesmuscheln und Topinambur. Auch Vegetarier kommen hier auf ihre Kosten. Ein Traum sind die Desserts! Mittags gibt es ein verbilligtes Tellergericht mit Salat, Brot und Dip für 19 Euro.

49 [K16] **Poccino** €€, Königsallee 2, Tel. 90989160, www.poccino.de, geöffnet: Mo.–Fr. 11–24, Sa. 10–24, So. und feiertags 11–22 Uhr, Küche Mo.–Sa. 12–23, So. und feiertags 11–22 Uhr. Das italienische Lokal befindet sich am oberen Ende der Kö, im Kö-Bogen. Man hat hier einen unverstellten Blick auf den Hofgarten. Besonders bei schönem Wetter ist es sehr beliebt. Eine *Pasticceria* (Konditorei mit italienischen Backwaren) ist angeschlossen.

50 [J16] **Restaurant La Copa** €€, Bergerstraße 4, www.restaurant-lacopa.de, Tel. 3238858, geöffnet: tägl. 12–24 Uhr. Mitten in der Altstadt von Düsseldorf gelegen, fällt diese spanische Tapas-Bar kaum auf. Während es die Touristen meist in die nahegelegene Schneider-Wibbel-Gasse mit ihren zahlreichen spanischen Lokalen zieht, sind die Düsseldorfer eher in diesem kleinen Lokal zu finden. An der Theke kann man sich viele Tapas aussuchen. Die Speisekarte ist umfangreich und die Portionen eher üppig. Und das zu fairen Preisen.

51 [I16] **ROBERT** €€, Rathausufer 10, Tel. 15207834, https://restaurantrobert.de, geöffnet: Mi.–So. 12–23 Uhr (So. Küche bis 20 Uhr). Beliebtes Lokal direkt am Rheinufer. Reservierungen werden nicht angenommen. Wen das nicht stört, der kann hier leckere französische Kost genießen. Die Speisekarte reicht von französischen Klassikern wie Austern, Bouillabaisse oder Zwiebelsuppe über Deftiges wie Kutteln, Cassoulet oder Kalbsbäckchen bis hin zu Flammkuchen (auch vegetarisch). Bei gutem Wetter lockt eine schöne Außenterrasse.

52 [G19] **ROCCA im Gehry's** €€, Neuer Zollhof 3, Tel. 15799373, www.gehrys.de, geöffnet: So.–Do. 10–1 Uhr, Küche bis 23 Uhr, Fr./Sa. 10–2 Uhr, Küche bis 24 Uhr. Restaurant im weißen Gebäude der Gehry-Bauten im Hafen. Gestyltes Ambiente mit Holzfußboden, Holzmöbeln und ledernen Stühlen sowie einer großen Terrasse, von der man einen guten Blick auf den Rhein hat. Die Steaks werden nach einem besonderen Verfahren zubereitet: Das Fleisch wird zunächst schockerhitzt und erst danach gegrillt, so wird es extrem zart.

53 [K14] **Rubens Restaurant** €€, Kaiserstraße 5, Tel. 15859800, www.rubens-restaurant.de, geöffnet: Di.–Sa. ab 16 Uhr (Küche 12–21.30 Uhr). Nicht weit vom Hofgarten befindet sich dieses österreichische Restaurant. Hier finden sich Klassiker der österreichischen Küche wie Wiener Schnitzel (vom Kalb), Tafelspitz oder Kaiserschmarren, oft modern interpretiert, à la carte oder als Menü, auch vegetarisch.

54 [J16] **San Leo** €€, Wallstraße 31, Tel. 324254, geöffnet: Mo.–Fr. 12–15 und 18–22.30 Uhr, Sa. durchgehend 12–22.30 Uhr. Eine italienische Trattoria, die seit Jahren zu den Topadressen der Stadt gehört. Hier gibt es Kreationen, die auf anderen Speisekarten kaum zu finden sind wie z. B. Pasta mit Maronen und Gänsefleisch. Das Essen ist so gut, dass der Gast so manche Unannehmlichkeit verzeiht: Reservieren kann man nicht und die Tische und Stühle stehen eng beieinander. Die Kellner lavieren sich jedoch immer geschickt hindurch und überhaupt ist der Service hier äußerst professionell. Bei schönem Wetter stehen auch draußen Tische.

› **Sansibar** €€, Königsallee 2 (im ersten Stock des Modehauses Breuninger, s. S. 98), Tel. 566414650, www.sansibarbybreuninger.de, geöffnet: Mo.–Sa. 11–24 Uhr. Sansibar-Fans müssen jetzt nicht mehr nach Sylt fahren, um die beliebte Currywurst zu essen. Die Portion ist üppig, hat aber auch ihren Preis (12 €) – Kult kostet eben. Daneben gibt es viele weitere Gerichte wie z. B. Pasta, Burger und Sylter Austern.

55 [P15] **Vitale** €€, Ackerstraße 168b, Flingern, www.vitaleonline.de, Tel. 6980412, geöffnet: Mi.–Sa. 18–23 Uhr, Küche bis 22 Uhr. Nur ein kleines Schild weist von außen darauf hin, dass sich hier ein Lokal befindet, in dem italienisch gekocht wird. Nur einige wenige Tische stehen im vorderen Bereich des

Lokals, hinten befindet sich die offene Küche. Hier kochen Gianni Vitale und seine Frau Birgit. Die Anzahl der Gerichte ist übersichtlich, doch das Essen ausgesprochen gut. Beliebt sind die Jakobsmuscheln und das Ossobuco. Die Rindsrouladen, wenn es sie denn gibt, sind ebenfalls ein Gedicht. Das Angebot wechselt regelmäßig, alles ist saisonal und frisch zubereitet. Für den Abend sollte man unbedingt reservieren.

Exotische Lokale

56 [K13] **Die Kurve** €€, Goebenstraße 18, Pempelfort, Tel. 56942080, www.die-kurve.com, geöffnet: Mo.–Sa. 12–15 und 18–23, So. 12–23 Uhr. Das einzige Düsseldorfer Lokal mit israelisch-mediterraner Küche. Vor allem die *Mezze* (Vorspeisen) sind ein Gedicht: Falafel, Rote Bete, Auberginenmus oder auch Russischer Salat. Dazu sollte man das frisch gebackene, noch warme Fladenbrot bestellen. Auch vegetarische Gerichte sind auf der Karte zu finden. Alle Gerichte werden ohne Milchprodukte gemacht (milchige und fleischige Gerichte werden in der jüdischen Küche strikt getrennt) und viele (jüdische) Familien essen hier. Am Wochenende gibt es manchmal Livemusik.

57 [P15] **Hashi** €€, Ackerstraße 182, Tel. 68789908, www.hashi-mahlzeit.de, geöffnet: Di. 18–22, Mi./Do. 12–15, Fr./Sa. 18–22 Uhr. Der Name bedeutet „Essstäbchen“ und weist bereits darauf hin, dass es sich um ein asiatisches Restaurant handelt, genauer um ein chinesisches, das aber nichts mit dem gemein hat, was man üblicherweise kennt. Alles wird frisch zubereitet, und zwar garantiert ohne Glutamat. Die Gerichte sind bereits optisch eine Augenweide. Die Einrichtung des Restaurants ist ein Mix aus europäisch modern und asiatisch antik. Am Wochenende sollte man unbedingt reservieren.

58 [M14] **Kirti's Dhaba** €, Düsselthaler Straße 1a, www.kirtisdhaba.de, Tel. 8604202, geöffnet: Di.–So. 12–15 und 18–23 Uhr. Ein einfach eingerichtetes indisches Lokal mit guter Küche. Egal ob vegetarisch, mit Fleisch oder Fisch – für jeden Liebhaber von indischem Essen ist etwas dabei, und das bei ausgesprochen günstigen Preisen. Es gibt Currys, Gerichte aus dem Tandoori-Ofen, vegetarische und vegane Speisen. Dazu Lassi (Joghurtgetränk), Chai oder auch alkoholische Getränke.

59 [P16] **Luang Prabang** €, Platanenstraße 26, Flingern, Tel. 2304275, www.luang-prabang.net, geöffnet: Di.–Fr. 11.30–15 und 17.30–23, Sa. 17.30–24, So. 17.30–23 Uhr. Dieses kleine Lokal mit laotischer Küche, die der thailändischen ähnlich ist, ist eines der beliebtesten Restaurants im Viertel. Das liegt nicht nur an den leckeren Speisen, sondern auch an den guten Cocktails und der angenehmen Atmosphäre – und natürlich an den günstigen Preisen. Basis der ca. zehn Essen ist immer ein vegetarisches Gericht, das – nach Wunsch – mit Fleisch, Huhn, Ente, Schwein, Rind oder Fisch bzw. Meeresfrüchten gewählt werden kann. Deshalb ist es auch bei Vegetariern sehr beliebt. Am besten reservieren.

60 [M17] **To1980vegan** €, Immermannstraße 46, Tel. 15894057, www.to1980.de, geöffnet: Mo.–Fr. 11–23, Sa., So. 12–23 Uhr. Das vietnamesische Lokal liegt nur einen Katzensprung vom Bahnhof entfernt. Es bietet authentische asiatische – vor allem vietnamesische – Küche auf rein pflanzlicher Basis. Das Angebot der veganen Speisen ist umfangreich. Lecker sind z. B. der Grüne Papaya Salat, die Gyoza (gefüllte Teigtaschen), die traditionelle vietnamesische Suppe Pho oder der Reisnudelsalat mit Frühlingsrollen und (mit Tofu) gefüllten Lotblättern.

Japanische Lokale

61 [L17] **Bakery My Heart** €, Marienstraße 26, Tel. 5504760, geöffnet: Mo.–Fr. 8–19 Uhr, Sa. 9–18 Uhr. In dem kleinen Bäckerei-Café gibt es typische japanische Snacks – sowohl süß als auch salzig. Das Café ist klein, hell und sehr ruhig und wird sowohl von Deutschen als auch von Japanern besucht. Sitzplätze gibt es nur wenige, dafür ist die Auswahl an japanischen Gebäckteilen groß: Einen Versuch wert sind die japanischen Sandwiches gefüllt mit Eieraufstrich, Thunfischpaste oder Kartoffelsalat, frittierte Gebäckstücke mit Curry-Gemüse-Füllung (warm) oder Brötchen mit gebratenen Nudeln (kalt). Alles wird jeden Tag frisch zubereitet und ist, wie es in Japan üblich ist, aus Hygienegründen einzeln in Plastikfolie eingeschweißt.

62 [M16] **Hyuga** €€, Klosterstraße 78, Tel. 364923, geöffnet: Mi.–Sa. 12–15 und 18–22.30 Uhr. Typisch japanisches Essen wie Sushi, Sashimi, Tempura (frittiertes Gemüse, Fisch), Nudelsuppen und Reisgerichte sowie eine Reihe von Vorspeisen. Auf der umfangreichen Speisekarte finden sich auch für den europäischen Gaumen ungewöhnliche Gerichte.

63 [L16] **Nagaya** €€€, Klosterstraße 42, Tel. 8639636, www.nagaya.de, geöffnet: Di.–Sa. 12–14 Uhr und 19–22 Uhr. Essen auf höchstem Niveau. Jede der Speisen ist eine Augenweide und wahre Esskunst. Die wechselnden Gerichte sind fernöstlich orientiert mit westlichen Anklägen. Hier gibt es so ausgefallene Köstlichkeiten wie Rolle von der Gänseleber mit Rote-Bete-Krokant und Haselnusspulver oder Wagyu-Rind mit Yuzu-Sojasauce. In hellem, freundlichem Ambiente mit perfektem Service.

64 [L16] **Naniwa Noodles & Soups** €, Oststraße 55, Tel. 161799, www.naniwa.de, tägl. 11.30–22 Uhr. Mitten in „Klein-Tokio" befindet sich diese Nudelsuppenküche. Einzelpersonen finden schnell Platz an der Theke, Gruppen müssen sich etwas gedulden, aber das Warten lohnt sich. Die Nudelsuppen sind ausgesprochen lecker und üppig. Wer dennoch nicht auf eine Vorspeise verzichten will, sollte die gebratenen Teigtaschen oder die frittierten Hühnerteile probieren. Das Lokal wird von Japanern und Deutschen gleichermaßen gern besucht.

65 [L16] **Naniwa Sushi & more** €€, Klosterstraße 68a, Tel. 8302222, www.naniwa.de, geöffnet: Mo.–Fr. 12–15 und 17–22, Sa. 12–22 Uhr. Die zweite „Filiale" des Naniwa befindet sich schräg gegenüber der Nudelsuppenküche. Das Angebot ergänzt, was bei Naniwa Noodles & Soups zu kurz kommt: Sushi, Sashimi und sonstige Fischgerichte.

66 [L16] **Soba An** €€, Klosterstraße 68, Tel. 36777575, www.soba-an.de, geöffnet: Mo.–Fr. 12–14 und 18–22 Uhr, Sa. 18–22 Uhr. Japanisches Nudellokal, bei dem die Soba-Nudeln (Nudeln aus Buchweizenmehl) direkt vor Ort frisch von Hand gemacht werden: eine echte Besonderheit in Deutschland. Es gibt sie gekocht oder als Suppe. Dazu werden Beilagen gereicht wie z. B. Tempura (frittiertes Gemüse), Hühnchen, Lachs oder Tofu. Mittags gibt es einen günstigen Mittagstisch. Abends werden noch eine Vielzahl weiterer, teils exotischer Gerichte wie Dorsch in Misosoße, Qualle, geröstete Ente, frittierte Aubergine oder hausgemachter Kartoffelsalat serviert.

Cafés und Imbisse

67 [J16] **Bazzar** €, Heinrich-Heine-Allee 53, Tel. 322445, www.bazzar.de, geöffnet: Mo.–Sa. 8–23 Uhr, So. 10–23 Uhr. Hier trifft sich die Schickeria von Düsseldorf – an schönen Tagen vor allem draußen im Innenhof. Der Espresso ist schwarz und kräftig, die Bowle im Sommer lecker. Wer Lust hat, sich seinen Kaffee auch daheim professionell zuzuberei-

018df Abb.: hg

Im schönen Innenhof des Bazzar kann man es sich gut gehen lassen

ten, kann hier auch eine der vielen Kaffeemaschinen erwerben, die im Laden präsentiert werden.

68 [I19] **Bernstein & Inbar** €, Lorettostraße 16, Unterbilk, Tel. 59828317, www.bernsteinundinbar.de, geöffnet: Mo.–Fr. 9–18, Sa., So. 10–18 Uhr. Nur einen Katzensprung vom Medienhafen entfernt befindet sich einer der schönsten Feinkostläden in Düsseldorf. Hier können Feinschmecker nicht nur besonders leckere Quiches, Pasta von Inpetto oder Weine bekommen, sondern sie auch gleich vor Ort testen, denn der Laden ist zugleich ein Café und bietet feinste belgische Patisserie. In den mit viel Liebe zum Detail eingerichteten Räumlichkeiten findet der Gast an einem langen Tisch in der Mitte oder an einem der drei kleineren Tische Platz oder bei schönem Wetter auch draußen. Die leckeren Törtchen kann man auch tiefgefroren mit nach Hause nehmen und bei Bedarf genießen.

69 [P16] **Café A.nni** €, Platanenstraße 22, Tel. 29360444, www.facebook.com/cafeanniduesseldorf, geöffnet: Mi.–Fr. 9–15, Sa., So. 10–15 Uhr. Minimalistisch, aber gemütlich eingerichtet. Im Angebot sind Frühstück, Brotzeiten und Kuchen. Brot und Kuchen sind aus eigener Herstellung. Das Müsli ist selbst komponiert, z. B. Anni's Liebling mit Obst, Nüssen, Granola und Chiasamen. Auch die Brotaufstriche werden selbst gemacht. Besonders das Frühstücksbüfett am Sonntag ist sehr beliebt.

70 [I19] **The Seven Sundays** €, Lorettostraße 7, Unterbilk, Tel. 15852122, www.thesevensundays.de, geöffnet: Mo.–Do. 9–16, Fr.–So. 9–18 Uhr. Frühstück – den ganzen Tag über – gibt es in dem kleinen, gemütlichen Café.

Das Angebot reicht von klassischem English Breakfast über orientalisches Shakshuka (Tomaten-Paprikasugo mit Eiern) bis hin zu veganem Avocado Meets Toast. Ein Highlight sind die Eggs Benedict auf Brioche oder die Pfannkuchen (auch vegetarisch oder vegan). Mit Außenterrasse.

71 [O15] **Café Hüftgold** €, Ackerstraße 113, Flingern, www.cafehueftgold.de, geöffnet: Mo.–Fr. 8–19, Sa. 9–19, So., feiertags 10–19 Uhr. „Supa-Schoko", Rhabarber-Baiser- oder Mohnkuchen mit Himbeerschicht – schon beim Anblick der vielen köstlichen Kuchen läuft einem das Wasser im Mund zusammen und alles ist selbst gebacken. Das Motto des Cafés ist „Genuss ohne Reue" und seit es in Flingern eröffnet hat, reißt der Strom an Kuchenliebhabern nicht ab. Ursprünglich das kleinste Café im Viertel, ist es inzwischen erweitert und zu einem der beliebtesten Treffpunkte in Flingern geworden. Und wer keinen Kuchen mag: Es gibt auch Schnittchen, Quiches und Suppen.

72 [G19] **Curry** €, Hammer Straße 2, Medienhafen, Tel. 3032857, www.curry-deutschland.de, geöffnet: So.–Do. 11.30–22 Uhr, Fr./Sa. 11.30–23 Uhr. Weihnachten und Silvester/Neujahr geschlossen. Der Medienhafen hat eine rege Gastronomieszene, die allerdings nicht billig ist. Eine der wenigen Ausnahmen ist das Curry. Hier gibt es Currywurst in allen Varianten und mit unterschiedlichen Beilagen. Die Soßen wurden eigens entwickelt und der Gast speist gemütlich wie in einem Restaurant.

73 [J16] **Gut & Gerne Schokoladencafé** €, Burgplatz 3–5, Tel. 86399696, www.schokoladenfachgeschaeft.de, geöffnet: Mo.–Fr. 11–19 Uhr, Sa. 11–18 Uhr. Mit dem Schokoladenbrunnen im Schaufenster und den kunstvoll präsentierten Schalen mit Pralinen glaubt man sich fast in den Film „Chocolat" versetzt. Direkt nebeneinander befinden sich die

EXTRATIPPS

Dinner for one

- **Naniwa Noodles & Soups** (s. S. 83): Wer hierher alleine zum Essen kommt, ist klar im Vorteil gegenüber all denjenigen, die in Begleitung unterwegs sind, denn er muss nicht warten, sondern findet sofort einen Platz am Tresen.
- **San Leo** (s. S. 81): „Katzentische" gibt es hier nicht, und genau das wissen die vielen Stammgäste, die hier allein speisen, auch zu schätzen.

Für den späten Hunger

- **Curry** (s. links): Imbissbude auf hohem Niveau, So.–Do. 11.30–22 Uhr, Fr./Sa. 11.30–23 Uhr. Weihnachten und Silvester/Neujahr ist die Bude geschlossen.
- **Im Fischhaus** (s. S. 77) gibt es Fisch in allen erdenklichen Variationen. Die Küche ist bis 23 Uhr geöffnet, das Lokal selbst hat sogar noch eine Stunde länger offen.
- **Im Füchschen** (s. S. 78) werden deftige Speisen aufgetischt, geöffnet: Mo.–Do. bis 1 Uhr, Küche bis 23.30 Uhr, Fr./Sa. und vor Feiertagen bis 2 Uhr, Küche bis 24 Uhr, So. bis 24 Uhr, Küche bis 23 Uhr.

74 [L17] **Lauren's** €€, Bismarckstraße 62, Tel. 5008867, www.laurens-gastronomie.de, geöffnet: So.–Do. bis 4, Fr./Sa. bis 5 Uhr. Tapas, Fisch, Fleisch, Pasta und Pizza – all das gibt es hier bis spät in die Nacht.

- **ROCCA im Gehry's** (s. S. 81): Dieses Lokal bietet großartige Steaks in vielen verschiedenen Varianten, geöffnet: So.–Do. bis 1 Uhr, warme Küche bis 23 Uhr; Fr./Sa. bis 3 Uhr, warme Küche bis 24 Uhr.

EXTRATIPPS

Lecker vegetarisch

- 77 [J18] **sattgrün mitte** €, Graf-Adolf-Platz 6, Tel. 8763390, geöffnet: Mo.-Sa. 12-17 Uhr
- 78 [G19] **sattgrün hafen** €, Brückenstraße 12, Tel. 15923290, geöffnet: tägl. 12-23 Uhr (Küche bis 22 Uhr)
- 79 [Q15] **sattgrün flingern** €, Hoffeldstraße 18, geöffnet: Mo.-So. 12-23 Uhr, Küche bis 22 Uhr, Tel. 68874080, www.sattgruen.de. Das Lokal in Düsseldorf hat gleich drei Niederlassungen. Die Gerichte sind als Buffet angerichtet und zur Auswahl stehen neben Suppen auch Pasta, Currys und verschiedene Beilagen wie Reis, Kartoffeln oder Nudeln. Dazu gibt es Salate und selbst gebackene Kuchen. Der Gast nimmt von den Speisen, was er mag. Der aktuelle Stand findet sich aber immer auf der Website.
- › **To1980vegan** (s. S. 82)

Lokale mit guter Aussicht

- › **Laterne im Schlossturm,** über dem Schifffahrtsmuseum (s. S. 70), Tel. 8997586, www.restaurant-rossini.de/laterne.htm, geöffnet: Di.-So. 11-18 Uhr. Das italienische Café im obersten Stockwerk des Schlossturms bietet einen schönen Blick über die Stadt und auf den Rhein. Hier gibt es auch kleine Gerichte.
- 80 [J14] **Tonhallenterrasse,** Ehrenhof 1, Tel. 5858770, www.tonhalle.info, im Sommer bei schönem Wetter geöffnet: Di.-Fr. 17-24, Sa. 15-24, So. 12-22 Uhr. Nette Open-Air-Bar an der Tonhalle 19 mit Blick auf den Rhein und Oberkassel, das auf der anderen Seite des Rheins liegt. Man macht es sich gemütlich auf Sitzsäcken, bequemen Stoffstühlen oder Liegestühlen. Zum Essen gibt es u. a. Pinchos, baskische Tapas (auf Brot).

Chocolaterie und das Schokoladencafé. Letzteres ist klein und gemütlich und es gibt heiße Schokolade zum Trinken. Im Laden daneben kann man sich durch etwa 200 Süßigkeiten aus Edelkakaobohnen schlemmen: Pralinen, Trüffel, Schokoladentafeln, alles meist in zartbitterer Variante.

- › **KIT Café** €, zugehörig zum Museum **KIT – Kunst im Tunnel** (s. S. 69), Tel. 0162 8882373, https://kit-cafe.com, geöffnet: Mo.-Do. 10-1 Uhr, Fr./Sa. 10-3 Uhr, So. 10-24 Uhr. Wer in das KIT möchte, muss zwangsläufig durch das Café hindurch. Ein Glaskubus, der auf dem Weg am Rheinufer entlang nicht zu übersehen ist. Bereits auf der Terrasse herrscht bei schönem Wetter reges Treiben. Innen ist die Café-Bar stylisch eingerichtet und wird bis in die späten Abendstunden hinein von Kunstinteressierten oder einfach nur Besuchern, die den schönen Blick auf den Rhein genießen wollen, genutzt. Auf der Karte finden sich neben einem Frühstücksangebot vor allem spanische Tapas. Nachmittags Kuchen.
- 75 [K16] **Konditorei Heinemann** €, Martin-Luther-Platz 32, www.konditorei-heinemann.de, Tel. 132535, geöffnet: Mo.-Fr. 9-19 Uhr, Sa. 9-18.30 Uhr, So. 10-18 Uhr. Eines der beliebtesten Cafés in Düsseldorf mit gemischtem Publikum, das aber eher etwas älter ist. An das Café angeschlossen ist der hauseigene Laden. Hier gibt es die wohl beste Praline der Welt, den Champagnertrüffel, der unter 57.000 Pralinen zur Nr. 1 gewählt wurde. Aber auch das Gebäck ist hervorragend und es lohnt sich, bei einer Tasse Kaffee und einem Stück Kuchen eine kurze Pause einzulegen.
- 76 [J17] **Laura's Deli** €, Carlsplatz 1, Tel. 86933880, www.laurasdeli.de, geöffnet: Mo.-Sa. 8.30-18 Uhr. Das kleine Lokal ist das erste Deli in Düsseldorf. Es wird konsequent auf gesundes Essen

gesetzt und es gibt viel frisches Gemüse und keine Kohlenhydrate. Leichte Fisch- und Hühnchengerichte. Die täglich wechselnden Salate sind einfach lecker. Ausgefallene Kreationen mit beispielsweise Quinoa, Avocado, Granatapfel.

81 [J15] **Mutter Ey Café** €, Mutter-Ey-Platz 1, Tel. 30187495, http://mutter-ey-cafe.de, geöffnet: Di.–So. 10–19 Uhr. Im Andreas-Quartier gelegen, erinnert das Café an die erste weibliche Galeristin Düsseldorfs, Johanna Ey, von den Künstlern liebevoll Mutter Ey genannt. Das stylische Café befindet sich in einem Glaspavillon und bietet Kuchen und kleine Gerichte. Außenterrasse mit Blick auf die Bronze-Skulptur „Mutter Ey" von Bert Gerresheim.

82 [P15] **Nordmanns Eisfabrik** €, Hermannstraße 22a, Tel. 97710137, www.nordmanns-eisfabrik.de, geöffnet: tägl. 11–22 Uhr. Eisdiele mit schöner Terrasse mitten im Szeneviertel Flingern.

83 [J16] **Pia** €, Kasernenstraße 1, Tel. 326233, geöffnet: tägl. ab 10 Uhr, geschlossen: in den Wintermonaten. Das Pia ist nicht nur eine Eisdiele, sondern eine Institution, denn hier gibt es leckeres Eis zu einem günstigen Preis: Die Riesenkugel kostet 1 Euro und so wundert es auch nicht, dass die Schleckermäuler hier für ein Eis Schlange stehen. Leckere Eisbecher gibt es ebenfalls.

84 [J17] **Pure Freude** €, Hohe Straße 19, Tel. 86320149, www.purefreude.de, geöffnet: Mi.–Fr. 10–18, Sa. 9–18 Uhr. Etwas abseits vom Trubel der Altstadt und dennoch nur einen Katzensprung vom Carlsplatz entfernt befindet sich diese französische Patisserie. Vorne liegt der Laden. Die präsentierten Süßigkeiten wie Törtchen, Eclairs oder Macarons lassen einem das Wasser im Mund zusammenlaufen. Links am Laden vorbei führt eine Passage zum Café und zur Terrasse im Hinterhof. Hier sitzt man lauschig bei Törtchen und Kaffee und kann sich von der Sightseeingtour erholen.

85 [J15] **Zum goldenen Einhorn** €, Ratinger Str. 18, Tel. 8368277, www.einhorn-duesseldorf.de, geöffnet: Mo., Di., Do., So. 9–24, Mi. 9–1, Fr., Sa. 9–2 Uhr. Dieses Kneipen-Café ist Kult. Mitten an der Ratinger Straße gelegen ist es ein beliebter Treff in der Düsseldorfer Altstadt und bekannt für seine leckeren Kuchen – angeblich gibt es hier die größten Stücke in der Stadt. Auch die bodenständigen Gerichte (z. B. Schnitzel) lassen sich sehen und für Nachtschwärmer stellt das Lokal ein beliebtes Ziel dar.

Beste Sicht auf den Rhein hat man von der Tonhallenterrasse *(s. Kasten S. 86)*

071df Abb.: hg

093df Abb.: as©hespasoft

Düsseldorf am Abend

Düsseldorf hat ein reges Nachtleben und nicht umsonst gilt die Altstadt als „längste Theke der Welt". Bis spät in die Nacht sind hier die Kneipen geöffnet und Menschen ziehen durch die Straßen. Besonders beliebt ist auch die Ratinger Straße. Im Hafen trifft sich, wer in einem der schicken Restaurants essen und danach in einer der Bars, wie z. B. der Meerbar (s. S. 80), einen Cocktail nehmen möchte. Hier ist kein Wohngebiet, deshalb stört es auch niemanden, wenn die Bars und Restaurants lange geöffnet haben. Nachts werden die Gebäude mit verschiedenen Farben angestrahlt und der Hafen so in ein Lichtermeer getaucht.

Im Sommer ist die Rheinuferpromenade ein beliebter abendlicher Treffpunkt

Nachtleben

Bars, Szenetreffs, Klubs

86 [I20] **Bar Alexander**, Düsselstraße 71, www.bar-alexander.com, Tel. 8763759, geöffnet: Di.–Do. 19–1, Fr., Sa. 19–3 Uhr. Beliebte Bar in Unterbilk mit einem Publikum, das so um die 30 Jahre alt ist. Um verschiedene Cocktails zu testen, gibt es ein besonderes Angebot: „Book your Flight". Der „Cocktail-Flight" (ab zwei Personen) beinhaltet pro Person vier verschiedene Cocktails im Miniformat.

87 [J21] **Bar Alexandra**, Merowingerstraße 18, www.bar-alexandra.com, Tel. 313366, geöffnet: Mi./Do. 19–2 Uhr, Fr./Sa. 19–3 Uhr, Di. 19–1 Uhr. Die „jüngere Schwester" der Bar Alexander und genauso beliebt, jedoch mit einem etwas jüngeren Publikum. Neben Cocktails gibt es hier auch andere Köstlichkeiten. Der „Köstlichkeiten-Flight" umfasst drei kleine Gerichte, die der Gast miteinander kombinieren kann.

88 [L18] **Bar Ellington,** Scheurenstraße 5, Tel. 3113900, geöffnet: Di.–Sa. 20–3 Uhr. Nicht weit vom Bahnhof entfernt liegt die Cocktailbar Ellington. Vor allem am Wochenende kann es sehr voll werden, wenn Nachtschwärmer einen der zahlreichen leckeren Cocktails schlürfen.

89 [J17] **Galerie am Karlplatz**, Benrather Straße 68, Tel. 8639990, www.galerie-am-karlplatz.de, geöffnet: Di.–Fr. ab 18, Sa. ab 14 Uhr. In den Räumen einer ehemaligen Galerie findet sich diese kleine Weinbar. Die Weine sind liebevoll ausgesucht. Wer möchte, kann bei einem „Flight" (gereicht werden Weißweine derselben Traube aus verschiedenen Ländern) einmal virtuell um die Welt reisen und dabei vergleichen, wie sich der Geschmack der gleichen Rebsorte von Region zu Region unterscheidet. Dazu kann man kleine Speisen wie z. B. Flammkuchen oder Pasta bestellen. Mit kleiner Außenterrasse.

› **Meerbar** (s. S. 80). Die Meerbar ist nicht nur ein gutes Lokal für Meeresfrüchte und Fisch aller Art, sondern auch – wie es der Name schon sagt – eine Bar. Große Fenster und im Sommer draußen mit bequemen Sofas und Stühlen mit direktem Blick auf den Hafen.

90 [K18] **Nachtresidenz,** Bahnstraße 13–15, Tel. 1365755, www.nachtresidenz.de, geöffnet: Fr., Sa. ab 23 Uhr. Klub, Diskothek und Partylocation in den Räumen des alten Residenztheaters. Der Dresscode liegt zwischen schick und schrill. Vielzahl von unterschiedlichen Musikstilen. Häufig Themenpartys wie z. B. White-Night-Party, bei der ein weißes Kleidungsstück Pflicht ist. Infos zu den Partys gibt es auf der Website.

91 [J15] **Schlösser Quartier Bohème,** Ratinger Straße 25, Tel. 15976150, www.quartierboheme.com. Das Schlösser Quartier Bohème ist nicht nur Restaurant und Lounge, sondern hat auch einen Klub. Regelmäßig legen dort angesagte DJs eine Mischung aus Groove, Funk, Party-Classics und House auf. Eintritt erst ab 21 Jahren. Geöffnet: Club Bohème Fr./Sa. ab 22 Uhr, Eintritt: 6 Euro (Sonderveranstaltungen ausgenommen). Sonderveranstaltungen haben andere Preise und Öffnungszeiten (siehe aktueller Veranstaltungskalender auf der Website).

92 [R19] **Stahlwerk,** Ronsdorfer Straße 134, Tel. 373070, https://stahlwerk.store. Das Motto: „Partys, Konzerte, Comedy, Kultur, Familienevents". Hier finden regelmäßig Konzerte und Partys wie die Halloween-Party oder die 80er- und 90er-Jahre-Party statt, und das Ganze in einer Location der besonderen Art, einem ehemaligen Stahlwerk. Jeden ersten Donnerstag im Monat ist „Street Food Thursday". Viele Partys und Comedyveranstaltungen. Infos zu Terminen und Preisen sind auf der Website zu finden.

93 [F19] **THE VIEW Skylounge & Bar,** Speditionsstraße 9, Tel. 447170, www.theview-duesseldorf.de, geöffnet: So.–Do. 18–1, Fr., Sa. 18–3 Uhr. Im 16. Stock des INNSIDE by Melia Hotels im Düsseldorfer Hafen liegt die Bar THE VIEW. Hier trifft man sich vor allem abends auf einen Cocktail und genießt den Blick über den Hafen und die Skyline.

Smoker's Guide

In Nordrhein-Westfalen herrscht striktes Rauchverbot in allen Restaurants, Gaststätten, Diskotheken, Kneipen und Bars. (Oder wie es in dem Gesetz heißt: in „Gaststätten: Schank- und Speisewirtschaften, unabhängig von der Betriebsart, Größe und Anzahl der Räume").

020df Abb.: hg

Theater, Kabarett, Varieté

⓷⓷ [I18] **Apollo Varieté Theater.** Das Apollo Varieté befindet sich direkt unter der Rheinkniebrücke. Es bietet eine Mischung aus Akrobatik, Jonglage, Comedy und Kulinarischem. Künstlerischer Leiter ist Bernhard Paul, der auch Gründer des Circus Roncalli ist. Das Programm wechselt regelmäßig.

94 [K18] **Forum Freies Theater e. V. (FFT),** Jahnstraße 3, Tel. 8767870, www.forum-freies-theater.de. Ein Produktions- und Veranstaltungsort für professionelles freies Theater, das aus zwei Häusern besteht: den Kammerspielen und dem Jungen Theater (Juta, Kasernenstraße 6). Es gibt kein festes Ensemble und geboten wird eine Mischung aus nationalen, internationalen Koproduktionen bzw. Gastspielen. Das Programm ist vielfältig und umfasst Theater, Performance, Tanz, Musik und künstlerische Arbeit mit Kindern.

Im Apollo Varieté Theater ⓷⓷ *gibt es ein regelmäßig wechselndes Programm*

95 [P7] **Junges Schauspiel,** Münsterstraße 446, Tel. 8523710, www.dhaus.de/junges-schauspiel. Das Junge Schauspiel ist wegen der Umbauarbeiten des Schauspielhauses (s. S. 91) an andere Stelle ausgewichen. Hier gibt es Stücke für junge Gäste ab 6 Jahren.

96 [J16] **Kom(m)ödchen,** Kay- und Lore-Lorentz-Platz, Altstadt, Tel. 329443, www.kommoedchen.de. Das Kom(m)ödchen ist die Nr. 1 unter den politisch-literarischen Kabaretts in Deutschland. Es wurde nach dem Zweiten Weltkrieg von Kay und Lore Lorentz gegründet und hat sich schnell zu einem Publikumsrenner entwickelt. Viele Kabarettisten und Comedians haben sich hier ihre ersten Sporen verdient, so z. B. Harald Schmidt. Es werden jeweils aktuelle Themen der Zeit wie Arbeitslosigkeit oder die Finanzkrise aufgegriffen. Bis heute hat das Kom(m)ödchen nichts von seiner Attraktivität verloren. Karten sollte man frühzeitig besorgen.

97 [L17] **Komödie,** Steinstraße 23, www.komoedie-steinstrasse.de, Tel. 325151. Boulevardtheater getreu dem Motto „Stars und gute Unterhaltung“. Namhafte Schauspieler wie Hardy Krüger jr.,

Volker Lechtenbrink, Julia Biedermann, Ralf Bauer und Anita Kupsch traten bzw. treten hier regelmäßig auf.

98 [K17] **Kulturforum,** Stadtsparkasse Düsseldorf, Berliner Allee 33, Tel. 8780. Im dritten Stock des Finanzkaufhauses der Stadtsparkasse finden im Atrium regelmäßig Kulturveranstaltungen statt: Konzerte, Lesungen, Kabarett, Theater und Talk. Schon das Ambiente ist perfekt: ein lichtdurchfluteter Glasbau, ein Dachgarten und eine Bar.

99 [J17] **Marionettentheater,** Bilker Straße 7–9, im Palais Wittgenstein, Tel. 328432, www.marionettentheater-duesseldorf.de, Vorstellungen: Sa., So. 15 Uhr, Mi.–Sa. 20 Uhr, nicht an Feiertagen. Für Kinder wie Erwachsene ein Erlebnis. Das im Hinterhof des prachtvollen Palais Wittgenstein untergebrachte Marionettentheater hat inzwischen Weltruf erlangt. Seit 1956 laufen hier hochkarätige Inszenierungen. In der eigenen Werkstatt werden Marionetten und Kulissen angefertigt. Ein abwechslungsreicher Spielplan bietet vom einfachen Märchen für Kinder bis hin zu „hoher Literatur" für Zuschauer jeden Alters etwas.

100 [L19] **Puppentheater,** Helmholtzstraße 38, www.puppentheater.de, Tel. 372401, Vorstellungen: in der Regel Mi./Do./Sa. um 16 Uhr, So. 10.30 bzw. 11 Uhr, es gibt auch in der Woche Vormittagstermine. Stücke für die ganz Kleinen und die etwas größeren Kinder von 2 ½ bis 11 Jahre. Die Dauer der Stücke beträgt zwischen 35 und 40 Minuten.

101 [L18] **Savoy Theater,** Graf-Adolf-Straße 47, www.savoy-theater.de, Tel. 8308900. Veranstaltungsbeginn wochentags 20 Uhr, sonntags 19 Uhr. 600 Sitzplätze in ansteigenden Reihen und ein abwechslungsreiches Programm, das Comedy, Kabarett und Musik umfasst.

102 [L15] **Schauspielhaus,** Gustaf-Gründgens-Platz 1, Tel. 36991, www.dhaus.de. Das städtische Theater wurde in den 1960er-Jahren von Bernhard Pfau erbaut. Der weiße, gewölbte Bau steht in Kontrast zu dem kühl wirkenden eckigen Dreischeibenhaus 28. Das Schauspielhaus bietet ein anspruchsvolles Programm und umfasst zwei Häuser: Das große mit 1050 Plätzen und das kleine mit 300 Plätzen. Mehrere Jahre wurde das Schauspielhaus saniert, 2020 eröffnete es wieder. Das Junge Schauspiel ist weiterhin ausgelagert (s. S. 90).

103 [H14] **Theater an der Luegallee,** Luegallee 4, www.theaterluegallee.de, Tel. 572222. Veranstaltungsbeginn Do.–Sa. 20 Uhr, Sa., So. 15 Uhr (in der Regel). Kleines Theater in Oberkassel mit feinem, ausgefeiltem Programm. Von Theaterstücken über Lesungen bis hin zu „zeitgemäßen Betrachtungen" mit Klavierbegleitung. Auch die Einrichtung ist angenehm anders: gemütlich mit roten Samtsesseln.

022df Abb.: hg

Begeistert mit seinen hochkarätigen Inszenierungen Groß und Klein: das Marionettentheater

Kleinkunst

104 [J18] **Destille,** Bilker Straße 46, Tel. 327181, www.destille-duesseldorf.de. geöffnet: So.–Fr. 16–24, Sa. 10–24 Uhr. Eine Kneipe für Literatur und Musik, Essen und Trinken. Seit den 1970er-Jahren gibt es die Destille in der Carlstadt schon. Wurde früher vor allem über Politik diskutiert, ist hier heute ein Ort für die Literatur- und Musikszene. Sonntags gibt es von 20 bis 22 Uhr Live-Events wie Jazz- und Blueskonzerte – meist kostenlos und auch die Küche ist preiswert. Jeden Samstag von 10 bis 15 Uhr findet ein Frühstück statt, jeden dritten Samstag zusammen mit einer Autorenlesung.

105 [T12] **Kabarett Flin,** Ludenberger Straße 37, Tel. 6798871, www.kabarettflin.de, Do.–Sa. ab 18.30 Uhr, Vorstellungsbeginn 20 Uhr. Seit 2004 betreiben Philipp Kohlen-Priebe und Oliver Priebe eine kleines Theater, erst in dem Stadtteil Flingern, jetzt am Staufenplatz. Sie haben sich damit einen Traum erfüllt. Geboten wird eine bunte Mischung aus Theater, Comedy, Kabarett und Kindertheater. Es gibt keine festen Plätze, man sollte also zeitig kommen. Eine kleine Bar ist angeschlossen.

106 [P19] **Zakk,** Fichtenstraße 40, Tel. 9730010, www.zakk.de, geöffnet: unterschiedliche Öffnungszeiten, je nach Veranstaltung. Fast täglich ein Programm. Aktuelle Termine sind auf der Website zu finden. Die angeschlossene Kneipe und im Sommer der Biergarten haben Mo.–Do. ab 19 Uhr geöffnet, Fr./Sa. zu den Veranstaltungen. Das „Zentrum für Aktion, Kommunikation und Kultur" ist aus dem kulturellen Leben in Düsseldorf nicht mehr wegzudenken. Es befindet sich in einer umgebauten Fabrik und wurde in den 1970er-Jahren als Gegenpol zum offiziellen Kulturprogramm der Stadt gegründet. Ca. 500 Veranstaltungen finden pro Jahr statt, von Politik über Tango bis zu Poetry Slams. Beliebt sind auch die „Ü30"-Partys für alle Junggebliebenen.

EXTRAINFO

Ticketverkauf

› **Hollmann Schadow Arkaden,** Ticketing, Schadowstraße 11 (im gleichnamigen Einkaufszentrum, s. S. 95), Tel. 329191, www.hollmann-duesseldorf.de, geöffnet: Mo.–Sa. 8–20, verkaufsoffene Sonntage 13–18 Uhr. Vorverkaufsstelle für Veranstaltungstickets unterschiedlicher Art: Konzerte, Musicals, Ballett, Theater, teilweise auch Ausstellungen.

• **108** [K18] **Ticketshop Kautz,** Adersstraße 48, Tel. 373070, www.regioticket.de, geöffnet: Mo.–Mi. und Fr. 9.15–18.30, Do. 9.15–17, Sa. 9.15–13 Uhr. Tickets für z. B. Konzerte, Musicals, Theater.

Konzerte, Musik, Tanz

107 [N17] **Capitol,** Erkrather Straße 30, Tel. 7344150, www.mehr.de/spielstaetten/capitol-theater-duesseldorf. Mit 1100 Plätzen in einem alten Straßenbahndepot ist dies der größte Theatersaal in Düsseldorf. Hier werden bekannte Musicals wie „Saturday Night Fever" und „Grease" und Tanzshow-Spektakel wie „Afrika! Afrika!" aufgeführt. Der Saal wird aber auch für Comedy-Veranstaltungen und Kabarett genutzt.

23 [K16] **Deutsche Oper am Rhein.** Diese Theatergemeinschaft existiert seit 1956. Es besitzt einen lichtdurchfluteten Orchester- und Ballettprobensaal, der mehr als 1300 Besucher fasst. Auf dem Programm stehen Ballett, Opern und Operetten – mit speziellem Kinder-Programm. Im Keller gibt es einen ca. 50.000 Stücke umfassen-

den Fundus an Kostümen, die bei Führungen besichtigt werden können. Führungen finden normalerweise einmal im Monat statt und werden auf der Website angekündigt.

109 [K23] **Jazzschmiede,** Himmelgeister Straße 107g, Bilk, Tel. 3110564, www.jazz-schmiede.de. Seit vielen Jahren finden hier Konzerte bekannter Jazzmusiker oder -gruppen statt. Dienstagabends gibt es traditionell Jamsessions. Eine regelmäßig wechselnde Eröffnungsband gestaltet den Abend. Eintritt am Dienstag frei.

14 [J17] **Palais Wittgenstein,** Tel. 8996109. Mehrmals im Jahr finden im schönen und historischen Ambiente des Kammermusiksaals des Palais Wittgenstein die Konzerte „Sonntags um 11" statt. Seit 1976 ist das Palais ein Kulturzentrum.

110 [J14] **Robert Schumann Saal,** Ehrenhof 4a, www.kunstpalast.de/103, Tickets über westticket, Hotline-Tel. 274000. Hier treten viele hochkarätige Musiker auf. Der Konzertsaal ist der Stiftung Museum Kunstpalast angegliedert und das Programm besteht überwiegend aus klassischer Musik, aber auch aus musikalischen Lesungen, Kabarett, Jazz- oder Tangomusik. Der Saal wird auch für Veranstaltungen der Studenten der Robert-Schumann-Hochschule genutzt.

› **Tanzhaus NRW,** im selben Gebäude wie das Capitol (s. S. 92), Tel. 172700, www.tanzhaus-nrw.de. Das Tanzhaus NRW ist in einem stillgelegten Straßenbahndepot untergebracht. Hier dreht sich alles um den Tanz, egal ob Stepptanz, Flamenco, Ballett oder Tango. Geboten werden Kurse, Wochenendworkshops und Tanzfestivals wie das Tapdance-Festival oder die Orientale. Im Nooij Dutch Deli im Tanzhaus NRW treffen sich die hungrigen und durstigen Tänzer auf einen Plausch, ein Glas Wein oder eines der leckeren Gerichte.

19 [J14] **Tonhalle.** Die Konzerthalle Düsseldorfs wurde in den 1920er-Jahren ursprünglich als Planetarium gebaut. Hier ist auch das Zuhause der Düsseldorfer Symphoniker.

Dass die Tonhalle ursprünglich als Planetarium gedient hat, sieht man ihr an

Düsseldorf für Shoppingfans

Düsseldorf ist ein Mekka für Kauflustige. Die wohl schönste Einkaufsstraße der Stadt ist die Königsallee mit ihren vielen edlen Geschäften, zahlreichen Einkaufspassagen und traditionellen Läden. Mit Produkten abseits des Mainstream lockt z. B. das Trendviertel Flingern und dann gibt es am Carlsplatz noch den einzigen Wochenmarkt Nordrhein-Westfalens, der an sechs Tagen in der Woche geöffnet hat.

Direkt an der Heinrich-Heine-Allee [J16] befinden sich mehrere **Kaufhäuser.** Das denkmalgeschützte **Carsch-Haus** 22 wird bis vermutlich Herbst 2022 renoviert. Hier soll eine Filiale des KaDeWe einziehen. Von der Heinrich-Heine-Allee aus ziehen sich viele Geschäfte die Flinger Straße entlang. Besonders schön ist auch der **Markt am Carlsplatz** 12, der als einziger in Nordrhein-Westfalen an sechs Tagen in der Woche geöffnet hat, und in der Hohen Straße [J18], die vom Carlsplatz Richtung Süden – zum Ständehaus, dem heutigen **K21** 15 – führt, finden sich viele elegante Mode-, Einrichtungs- und Kunstgeschäfte.

Mit **Flingern** und **Unterbilk** – hier vor allem die Lorettostraße [H20] – haben sich trendige Viertel mit kleinen Geschäften, Boutiquen und Cafés entwickelt. Am besten schlendert man in Flingern einmal die Ackerstraße entlang, dazu beginnt man an der Kreuzung Beethovenstraße/Ackerstraße [O15]. Hier finden sich Modegeschäfte abseits des Mainstream mit kleineren oder eigens kreierten Labels. Besonders schön ist auch die Parallelstraße: die Lindenstraße mit ihren Jugendstilbauten. Auch hier finden sich zahlreiche kleine Boutiquen mit ausgefallenen Klamotten, Restaurants und ein Blumenladen, der sich das Gebäude mit einer renommierten Galerie teilt. Auch ein Bummel über die Hermannstraße [P15] lohnt sich. Aber Achtung: Viele der kleinen Läden haben am Samstag nur bis 14 Uhr geöffnet.

Im Stadtteil Bilk befindet sich mit den **Bilker Arcaden** (S-Bahn-Station Bilk) eine Einkaufspassage mit zahlreichen Geschäften.

Die berühmte **Königsallee** 32 gehört zu den großen **Prachtboulevards** in Europa und ist vor allem für Modeinteressierte ein wahres **Einkaufsparadies.** Alle großen Namen der Modewelt wie zum Beispiel Giorgio Armani, Chanel, Dior, Gucci, Prada, Tiffany, Louis Vuitton oder Tommy Hilfiger sind hier vertreten. Bei Breuninger im **Kö-Bogen** am oberen Ende der Kö findet man viele Marken in einem Geschäft. Neben **Luxusläden** gibt es aber auch **traditionelle Düsseldorfer Geschäfte, Galerien,** Shops mit **Independent-Labels** oder **günstigeren Marken** wie Zara oder Cos, **Juweliergeschäfte, Parfümerien** und **Einrichtungsläden.** In den **Seitenstraßen** der „Kö" haben sich ebenfalls Geschäfte angesiedelt und in den großen **Einkaufspassagen** konzentrieren sich viele weitere Läden. **Kö-Galerie** (s. S. 95) und **SEVENS** (s. S. 95), zwei ehemals unabhängige Einkaufspassagen, sind miteinander verbunden.

Shoppingareale

Die wichtigsten Shoppingbereiche der Stadt sind im Kartenmaterial mit einer rötlichen Fläche markiert.

Etwas versetzt liegen die **Schadow-Arkaden** (s. unten). Dahinter beginnt die **Schadowstraße**, eine der umsatzstärksten Einkaufsstraßen in Düsseldorf.

Wer vom Shoppen müde ist, kann auch einfach flanieren – mehr als 5000 m² **Grünfläche** und 200 Kastanienbäume und Platanen laden dazu ein – oder einen Cappuccino in einem der vielen Cafés genießen, denn auch **gastronomisch** hat die Königsallee einiges zu bieten. Im Kö-Bogen, der vor allem Modegeschäfte beherbergt, gibt es auch Lokale wie z. B. das Poccino (s. S. 80) mit Blick auf den Hofgarten oder das Kult-Lokal Sansibar aus Sylt im Modehaus Breuninger (s. S. 98).

012df Abb.: hg

Einkaufspassagen an der Königsallee

111 [K16] **Galeria (Kaufhof),** Königsallee 1–9, www.galeria.de, geöffnet: Mo.–Sa. 9–20 Uhr. In einem historischen Gebäude, das von dem Wiener Architekten Josef Maria Olbrich im Jugendstil errichtet wurde, befinden sich unter dem Dach von Galeria (Kaufhof) mehr als 150 Markenshops.

112 [K16] **Kö-Center,** Königsallee 30, Mo.–Fr. 10–19 Uhr, Sa. 10–18 Uhr. Die älteste der Düsseldorfer Ladenpassagen mit Boutiquen und der Konditorei Heinemann (s. S. 86) mit ausgezeichneten Schokoladen und Kuchen. Das Gebäude ist in schwarzem Marmor, silbrig glänzendem Aluminium und Edelstahl gehalten und nur in rechten Winkeln gestaltet.

113 [K17] **Kö-Galerie,** Königsallee 60, www.koegalerie.com, Shops: Mo.–Sa. 10–20, Gastronomie bis 23 Uhr, Galerie auch So. 9–23 Uhr. Die Galerie hat in den 1980er-Jahren einen Preis als schönste Einkaufspassage Westeuropas gewonnen. Ansässig sind vor allem Modegeschäfte und ein Feinkost- und Schlemmerareal.

114 [K16] **Schadow-Arkaden,** Schadowstr. 11, www.schadow-arkaden.com, Shops: Mo.–Sa. 10–20 Uhr. Nur einen Katzensprung von der Kö entfernt befinden sich die Schadow-Arkaden, die an ihrem markanten Eingangsturm leicht zu erkennen sind. Sie bieten Modegeschäfte, ein italienisches Restaurant, Imbisslokale und ein Theater.

115 [K17] **SEVENS,** Königsallee 56, www.sevens.de, Shops: Mo.–Sa. 10–20 Uhr. Auf sieben Etagen finden sich unterschiedliche Produktbereiche wie Fashion, Accessoires, Beauty, Technik und Food. Im Untergeschoss gibt es verschiedene Gastronomieangebote.

Die prächtige Königsallee mit ihren vielen edlen Geschäften lädt zum Shoppen ein

KLEINE PAUSE

Über den Dächern von Düsseldorf

Nach der Sightseeing-Tour oder dem Shoppen noch hoch hinaus? Der Rheinturm im Medienhafen macht es möglich. Dort gibt es ein Drehrestaurant und eine Bar & Lounge. Das Drehrestaurant befindet sich auf 172,5 m Höhe – also nichts für Leute mit Höhenangst. Etwas darunter liegt die Bar & Lounge M 168 mit 360°-Rundum-Verglasung auf 168 m Höhe. Von beiden Lokalen hat man einen fantastischen Blick über die Stadt und das Umland.

› **Bar & Lounge M 168** (im **Rheinturm** 35), Tel. 8632000, www.centro-hotels.de/de/service/rheinturm-duesseldorf.html. Öffnungszeiten s. Aufzug Rheinturm 35. Um zur Bar & Lounge M 168 zu gelangen, muss man mit dem Aufzug hinauffahren.

116 [K17] **Stilwerk,** Grünstr. 15, www.stilwerk.de, Shops: Mo.–Fr. 10–19 Uhr, Sa. 10–18 Uhr. Hier gibt es alles rund ums Wohnen, Designprodukte und Lifestyle-Accessoires. Alle renommierten Möbelmarken sind unter einem Dach konzentriert.

117 [K17] **WZ-Center,** Königsallee 27–31. Internationale Designermode und exklusive Schmuckgeschäfte. Die meisten Shops haben Mo. bis Fr. 10 bis 19 Uhr und Sa. 10 bis 18 Uhr geöffnet.

Typische Düsseldorfer Produkte

118 [J16] **Gewürzhaus Altstadt,** Kapuzinergasse 16, Altstadt, Tel. 325788, www.gewuerzhaus-altstadt.de, geöffnet: Di.–Fr. 9.30–14 und 15–18, Sa. 9.30–15 Uhr. Im Gegensatz zu seinem Namen ist das Gewürzhaus nicht in erster Linie für seine Gewürze, sondern vor allem für seinen Senf bekannt. Senf („Mostert") ist aus Düsseldorf nicht wegzudenken und hier, in dem nur ca. 10 m² großen Laden, lassen die Brauhäuser der Altstadt ihre blau-weißen Steinguttöpfchen („Blauzeug") wieder auffüllen: mit dem ABB-Senf. Er ist nach dem Firmengründer Adam Bernhard Bergrath und seiner Frau Anna Bertha benannt. 1726 wurde in Düsseldorf die erste Senffabrik gegründet und seitdem ist der Düsseldorfer ABB-Senf in der ganzen Welt bekannt. Ansonsten gibt es in dem Laden neben weiteren Senfsorten auch alle nur erdenklichen Gewürze von A wie Anis bis Z wie Zimt.

119 [J16] **Killepitschstube Et Kabüffke,** Flinger Straße 1, Tel. 133269, www.killepitsch.de, geöffnet: Mo.–Fr. 11–23, Sa. 11–1 Uhr. Killepitsch ist ein Kräuterlikör, den es nur in Düsseldorf gibt, und deshalb ist er ein ausgezeichnetes Mitbringsel. Nach einem deftigen Essen in einer der Hausbrauereien räumt er außerdem im Magen kräftig auf. Am besten verkostet man den Kräuterlikör in der Killepitschstube Et Kabüffke, einem urigen Ladenlokal (Geschäft und Trinkstube zugleich) mitten in der Altstadt. Untergebracht ist der Laden in einem historischen Haus aus dem 18. Jh. Daneben gibt es im Laden ein großes Sortiment an anderen hochprozentigen Getränken.

120 [J17] **Senfladen,** Berger Str. 29, Tel. 8368049, www.loewensenf-senfladen.de, geöffnet: Mo./Di. 10–14 und 14.30–19, Mi.–Sa. 10–19 Uhr. Dieser Laden ist Verkaufsstelle und Museum in einem. Schautafeln und Ausstellungsstücke erklären die Geschichte der Senfherstellung. Senfsaaten werden hier in Säcken präsentiert. Zu kaufen gibt es Senf von klassisch bis exotisch: Chillisenf, Feigensenf, Altbiersenf und Coconut-Curry-Senf stellen hier nur eine kleine Auswahl dar.

013df Abb.: hg

Lebensmittel

› **Brot und Butter,** Steinstraße 4, Teil von Manufactum (s. S. 100), Tel. 6683853, www.brot-und-butter.de, geöffnet: Mo.–Fr. 9.30–19, Sa. 9.30–18 Uhr. In diesem Laden – eine Kombination aus Geschäft und Bistro – gibt es gute, nach alter Tradition hergestellte Produkte. Im Laden wird auch frisches Brot im Steinofen gebacken, in der Theke lagern Käse, Wurst, Aufstriche und Kuchen. Regale mit Kaffee, Marmelade, Pasta, Süßigkeiten und Eingelegtem komplettieren das Angebot. Die gute Qualität hat zwar ihren Preis, dafür gibt es hier, was man sonst nirgendwo findet.

121 [J17] **Hinkel-Bäckerei,** Mittelstraße 25 (Hauptgeschäft), Tel. 86203421, www.baeckerei-hinkel.de, geöffnet: Mo.–Fr. 6–18.30 Uhr, Sa. 6–16 Uhr (im Advent bis 18 Uhr). Die „Bäckerei für Brotfreunde" ist wohl tatsächlich die beliebteste Bäckerei in Düsseldorf. Seit 1891 ist sie in der Carlstadt zu Hause. Schon die Auslage präsentiert die Vielfalt an Brot. Viele Backwaren sind im Laufe der Zeit neu kreiert worden und nur hier zu finden. Manche sogar auch nur zu bestimmten Zeiten wie z. B. der Hinkel-Stollen in der Adventszeit. Hier wird noch mit guten Zutaten gebacken. Sauerteige werden nach alter Tradition in der Backstube angesetzt und gezüchtet. Und es gibt alles zu einem fairen Preis.

122 [P15] **Il Mugello,** Ackerstraße 184, Tel. 2304076, www.il-mugello.de, geöffnet: Di.–Fr. 8–14 und 16–19, Sa. 9–15, So. 9–11 Uhr. Feinkostladen mit ausgezeichnetem Sortiment an Wein, Käse, Schinken, Salami, Öl und Honig, vor allem aus Italien. Doch auch französische, deutsche oder portugiesische Weine sind hier erhältlich. Außerdem gibt es ein großes Angebot an Brot und Gebäck der Bäckerei Schüren. Benannt ist das Geschäft nach einem kleinen Gebiet in der Toskana. Es werden auch regelmäßig Feinkostabende veranstaltet.

Im Et Kabüffke gibt es den beliebten Kräuterlikör Killepitsch

123 [J17] **Kaffeereich,** Wochenmarkt Carlsplatz, Stand D2, Tel. 4234239, www.kaffeereich.de, geöffnet: Mo.–Fr. 8–18, Sa. 8–16 Uhr. In der kleinen Kaffeerösterei am Carlsplatz gibt es eine große Auswahl unterschiedlichster Kaffee- und Espressosorten aus allen Erdteilen zum Mitnehmen. Im zugehörigen kleinen Café kann man die Kaffeespezialitäten auch direkt verkosten und dazu kleine süße Happen wie die italienischen Mandorle (Mandelgebäck) genießen.

124 [P16] **Markt am Hermannplatz,** Hermannplatz. Am Samstag von 8 bis 13 Uhr gibt es am Hermannplatz einen kleinen Markt mit Produkten aus der Region.

Mode, Kleidung, Accessoires

Düsseldorf ist als Modestadt bekannt und hier findet regelmäßig die CPD, die Modemesse statt. Viele Showrooms befinden sich an der Kaiserswerther Straße in Richtung Messe oder immer häufiger auch im Medienhafen. Die Edelmarken der Modebranche gibt es vor allem an der Königsallee. Kleinere Labels neuer Kreativer haben sich dagegen eher in den Trendvierteln Flingern und Unterbilk angesiedelt.

125 [K16] **Breuninger,** Königsallee 2, Tel. 566410, www.e-breuninger.de/de/haeuser/duesseldorf, geöffnet: Mo.–Sa. 10–20 Uhr. Großes Modekaufhaus auf fünf Etagen mit renommierten Marken von A wie abro bis Z wie Zegna. Accessoires und Schuhe sowie Beauty-Produkte ergänzen das Angebot. Im Erdgeschoss und im ersten Stock befindet sich Gastronomie, z. B. die Sansibar (s. S. 81).

014df Abb.: hg

Die Immermannstraße [L/M17] bietet viele japanische Geschäfte

126 [P15] **Butik,** Ackerstraße 184, Flingern, www.butik-duesseldorf.de, Tel. 6101778, geöffnet: Di.–Fr. 11–19 Uhr, Sa. 11–16 Uhr. Boutique mit einem guten Sortiment an angesagten Labels wie Filippa K, Baum und Pferdgarten, Ba&sh, Ganni und Modellen der bekannten Schuh-Designerin Chie Mihara.

127 [J16] **Jades,** Heinrich-Heine-Allee 53, Tel. 8282805, www.jades24.com, geöffnet: Mo.–Fr. 10–19 Uhr, Sa. 10–18 Uhr. Auch nur Schauen lohnt sich, denn der Laden ist ein Designertempel, bei dem Gegensätze aufeinandertreffen und auch Promis gern vorbeischauen. Geboten wird eine Mischung aus Glamour und Rock 'n' Roll. Mode von Givenchy findet sich neben Sportswear-Labels wie True Religion, Mode von Stella McCartney und Rockstar Outfits wie z. B. von Thomas Wylde wieder.

128 [H20] **kleidsam,** Neusser Straße 123, Tel. 3033860, www.kleidsam.eu, geöffnet: Di.–Fr. 11–19, Sa. 12–17 Uhr. Mode, die jung, frisch und farbenfroh ist. Ein vielfältiges Angebot an liebevoll ausgewählten Kleidungsstücken verschiedener Labels abseits des Mainstream zu erschwinglichen Preisen.

129 [K12] **Mandalay,** Schwerinstraße 5, Tel. 9535875, www.mandalay-shop.com, geöffnet: Mo., Sa. 10–18, Di.–Fr. 11–19 Uhr. Boutique in Pempelfort mit bekannten Labels wie Drykorn, Tigha, Set, Ana Alcazar usw.

130 [P15] **URSBOB,** Hermannstraße 33, Tel. 6999696, www.ursbob.de, geöffnet: Di./Mi. 14.30–18.30 Uhr, Do./Fr. 12–18.30 Uhr, Sa. 12–15 Uhr. Die Modedesignerin Ulla Meiners kreiert in ihrer Werkstatt farbenfrohe, junge Mode und verkauft sie zu erschwinglichen Preisen im angrenzenden Laden. Sie fertigt auch nach Maß an.

Buchhandlungen

131 [K16] **Mayersche Droste,** Königsallee 18, Tel. 54256900, www.mayersche.de, geöffnet: Mo.–Fr. 10–20 Uhr, Sa. 9.30–20 Uhr. Buchhandlung auf mehreren Etagen direkt an der Königsallee. Modern gestaltet und mit Leseinseln. Großes Sortiment, auch in der englischsprachigen Abteilung und bei den Hörbüchern. Ein kleines Café befindet sich auf der zweiten Etage und bietet neben Getränken auch kleine Snacks und Kuchen.

› **Müller & Böhm Literaturhandlung im Heine Haus** (s. S. 27)

132 [J16] **Walther König,** in der Kunsthalle, Grabbeplatz 4, Tel. 136210, www.buchhandlung-walther-koenig.de, geöffnet: Mo.–Sa. 10–19 Uhr, So./feiertags (nur wenn die Kunsthalle geöffnet hat) 13–18 Uhr. Gut sortierte, auf Kunst spezialisierte Buchhandlung. Weitere Filialen finden sich im K20 7 und K21 15.

Sonstige Läden

133 [P15] **Blumenladen Dornrose,** Lindenstraße 182, Tel. 9468345, www.dornrose.de, geöffnet: Do./Fr. 9–18.30, Sa. 9–15 Uhr. Puristisch eingerichteter Blumenladen in einer ehemaligen Hydraulikfabrik. Kleines, aber feines Sortiment und Blumensträuße abseits des Mainstream. Im Hinterhof befindet sich die renommierte Galerie Schönewald und Beuse mit moderner Kunst.

134 [H19] **Daumenschale Keramik,** Lorettostraße 33, www.daumenschale.de, Tel. 305544, geöffnet: Mo.–Mi. 17–20 Uhr und nach Absprache. Die Töpferwerkstatt von Rosemarie Dohmen befindet sich in einem schönen Hinterhof. Hier stellt die Künstlerin ihre japanisch beeinflussten Keramiken her, verkauft sie und gibt auch Kurse. Die Vasen, Tassen und Teekannen strahlen eine puristische Eleganz aus. Wer keine Zeit findet, die Künstlerin im Atelier zu besuchen: Ihre Werke sind so beliebt, dass sie auch im Hetjens-Museum für Keramik (s. S. 67) zu kaufen sind.

135 [J16] **Jeck und Jedöns,** Berger Straße 11–13, www.jeckjedoens.de, Tel. 8693009, geöffnet: Mo.–Fr. 11–20 Uhr, Sa. 10.30–20 Uhr. Was wäre Düsseldorf ohne Karneval? Hier gibt es das passende Outfit dazu: Kostüme, Masken, Bärte, Perücken und Schminke. Eben alles, was das Narrenherz begehrt.

079df Abb.: hg

› *Der Laden Marilux im Trendviertel Flingern (s. S. 100)*

136 [M17] **Kyoto – Japan Art Deco,** Immermannstraße 26, Tel. 352736, www.kyoto-japan.de, geöffnet: Mo.–Fr. 10–19 Uhr, Sa. 10–18 Uhr. Mitten im japanischen Viertel liegt dieser schöne Laden mit japanischen Designwaren. Hier findet sich alles, was japanische Einrichtung so anziehend macht: Ziervasen, Sake-Sets, Essstäbchen, Geschirr, Kissen, Lampen und sogar die klassischen japanischen Tische.

137 [K17] **Manufactum,** Steinstraße 4, Tel. 6020888, www.manufactum.de, geöffnet: Mo.–Fr. 10–19 Uhr, Sa. 10–18 Uhr. „Es gibt sie noch, die guten Dinge", wirbt Manufactum für seine Produkte, die nach traditionellen Produktionsverfahren und oft in Handarbeit hergestellt werden. Die Palette bietet alles, was man so im täglichen Leben braucht. Von Geschirr und handgenähten Schuhen bis zu Bettdecken und historischen Lampen. Auch „Gutes aus Klöstern" ist im Angebot: Gesichtscremes, Lotionen oder Plätzchen – in Klöstern hergestellt. Gute Qualität zu entsprechend hohen Preisen. Angeschlossen ist die Schlemmeroase Brot und Butter, in der es nach frisch gebackenem Brot duftet.

138 [P15] **Marilux,** Ackerstraße 151, Tel. 20031301, www.marilux.de, geöffnet: Di.–Fr. 13–18, Sa. 11–16 Uhr. Freunde der finnischen Marke Marimekko finden hier Geschirr, Stoffe, Handtücher, Taschen und vieles andere mehr des renommierten Labels.

139 [P15] **Moritz Wenz Studio & Store,** Ackerstr. 155, Tel. 54476314, www.moritz-wenz.de, geöffnet: Mo.–Fr. 11–19, Sa. 11–16 Uhr. Im Laden finden sich Produkte in zeitlosem Industriedesign aus traditionellen Manufakturen, kleinen bzw. mittelständischen Firmen sowie aus eigener Entwicklung. Das Sortiment reicht von Messern und Geschirr über Bartpflegeprodukte bis zu Jeans, Schmuck und Lebensmitteln.

Düsseldorf zum Träumen und Entspannen

Wer nach Düsseldorf kommt, ist überrascht, denn die Stadt ist erstaunlich grün und verfügt über zahlreiche Parks, Gärten und die Rheinwiesen. Seit dem 18. Jahrhundert ist die Metropole am Rhein Gartenstadt.

Gärten und Parks waren in Düsseldorf schon immer wichtig. Bereits im 18. Jh. entstand der **Hofgarten** 24, der als schönster Park Düsseldorfs und grüne Lunge der Stadt gilt. Es war der erste öffentliche Park in Deutschland und für die Düsseldorfer war es etwas Besonderes, zwischen den Baumalleen, Blumenrabatten und Teichen spazieren zu können. 1795 wurde der Hofgarten von französischen Soldaten zerstört, um 1800 aber wieder hergerichtet.

Düsseldorfs Ruf als Gartenstadt haben vor allem zwei Männer begründet: der Gartenarchitekt Maximilian Friedrich Weyhe und der Stadtplaner Adolph von Vagedes. Gemeinsam mit dem Wasserbaumeister Christian Wilhelm G. Bauer schufen sie die Königsallee, den Schwanenspiegel und erweiterten den Hofgarten. Maximilian Friedrich Weyhe schuf auch die Gärten von **Schloss Benrath** 45 im Süden Düsseldorfs. Aus den Parkanlagen für die Adligen wurden allmählich Flaniermeilen für alle Bürger. Unter Napoleon wurde der Hofgarten dann ein weiteres Mal erweitert – quasi bis zum Rhein.

Ein Ort zum Entspannen – der Nordpark 40

029df Abb.: hg

Am südlichen Ende der Königsallee befindet sich die Parkanlage an Schwanenspiegel und Kaiserteich. Bereits 1819 hatte Maximilian Weyhe Pläne dafür vorgelegt, doch die Umsetzung ließ noch bis 1842 auf sich warten, denn das Gelände musste erst einmal entsumpft werden. Der Garten ist so angelegt, dass zwei Halbinseln fast in der Mitte der Teiche aufeinandertreffen. 1865 wurde die Anlage erweitert und zwischen 1876 und 1880 entstand das Ständehaus, das bis 1988 Sitz des Parlaments war. Heute wird das Ständehaus als Museum für Kunst des 21. Jh. genutzt (K21 15).

Im Zuge der Euroga 2002plus (s. S. 32) entstanden in Düsseldorf an verschiedenen Orten Kunstwerke und -projekte, so z. B. die Parkbänke im **Hofgarten** 24, die nachts blau leuchten, und auch die Parkanlage am Schwanenspiegel und Kaiserteich wurden nach den Plänen von Maximilian Weyhe gestaltet. Der Hofgarten ist eine Station der „Straße der Gartenkunst an Rhein und Maas".

Im Süden der Stadt liegt der **Volksgarten** (s. S. 60). Der Name ist dabei Programm, denn es sollte ein Park für das Volk, d. h. für die Arbeiter sein. Dieser Park ist deshalb auch ganz anders gestaltet als der Hofgarten oder der Park um Schloss Benrath, die beide höfisches Leben repräsentierten. Im Volksgarten konnten sich die Arbeiter und ihre Familien erholen, spazieren gehen, picknicken und spielen. Im Südpark 44, zu dem der Volksgarten gehört, befinden sich auch eine Spielwiese für Kinder und ein Streichelzoo.

Der **Botanische Garten** ist das ganze Jahr über für Besucher geöffnet und nicht nur etwas für Blumenfreunde. In der Mitte des Freigeländes steht ein 18 Meter hoher, sehr filigraner Kuppelbau, in dem sich Pflanzen befinden, die aus Gebieten mit warmen und trockenen Sommern sowie regenreichen, aber nicht kalten Wintern stammen – zum Beispiel Pflanzen von den Kanaren. Daneben gibt es auch ein Haus für südafrikanische Pflanzen und eine Orangerie.

EXTRATIPPS

Speisen im Park

Im Florapark in Unterbilk liegt die Florabar. Das Café selbst ist sehr klein, hat aber eine schöne große Außenterrasse. Es ist besonders beliebt bei Familien. Hier gibt es leckeren selbstgebackenen Kuchen, Waffeln und Eis.

141 [J20] **Florabar,** Kronenstraße 65, www.facebook.com/florabar, geöffnet: tgl. 11–19 Uhr

Zum Museum **K21** 15 gehört das Pardo's im Ständehaus, dem sehenswerten Neorenaissancegebäude aus dem 19. Jh. Tagsüber überzieht hier ein Muster aus orangefarbenen und grünen Seifenblasen die Wände, abends greifen die Lichtkegel grüner Schirmlampen ineinander über und schaffen eine fast psychedelische Atmosphäre. Wände und Lichtmuster wurden von dem in Kuba geborenen Künstler Jorge Pardo gestaltet. Besonders schön ist die Terrasse im Park. Hier sitzt der Gast idyllisch mitten im Grünen und kann sein Essen genießen.

› **Pardo's** im Museum K21 15, Tel. 91328138, geöffnet: Di.–Do. 10–18, Fr.–So. 11–18 Uhr.

Düsseldorf vom Wasser aus

Wer eine kleine **Auszeit** vom vielen Herumlaufen, dass das Sightseeing so mit sich bringt, nehmen möchte, dem sei eine Fahrt mit dem Ausflugsschiff wärmstens empfohlen. Startpunkt ist der KD-Anleger am Burgplatz 1. Eine Fahrt führt zum Beispiel in den Medienhafen (s. S. 47), eine andere in Richtung Norden zur Theodor-Heuss-Brücke und zurück (KD oder Weiße Flotte, s. S. 125).

Der Rundgang durch das Freiland führt um eine große Wildblumenwiese, an deren Rand sich Bauern-, Apotheker- sowie Duft- und auch Stinkgärten befinden.

•140 [N25] **Botanischer Garten,** Heinrich-Heine-Universität, Universitätsstraße 1, Tel. 8110722, www.botanischergarten.hhu.de, geöffnet: März und Oktober Mo.–Fr. 8–18 Uhr, Sa. 13–18 Uhr, So./feiertags 10–18 Uhr; April bis September Mo.–Fr. 8–19 Uhr, Sa. 13–19 Uhr, So./feiertags 10–19 Uhr, November bis Februar Mo.–Fr. 8–16 Uhr, Eintritt: frei

Kaum zeigen sich die ersten sonnigen Tage, schon tummeln sich sonnenhungrige Einheimische und Touristen auf den **Rheinwiesen** (linksrheinisch, auf der linken und rechten Seite der Oberkasseler Brücke [H14]) oder auf der rechten Seite des Rheins im **Rheinpark** [I11/12], der beim Ehrenhof-Komplex beginnt. Wer im Frühling kommt, ist erstaunt über die bunte Pracht im Rheinpark. Dort blühen jedes Jahr etwa 5 Mio. blaue Krokusse, die sich wie ein blaues Band über die Wiesen ziehen. Baden sollte man im Rhein jedoch nicht. Es gibt viel Schiffsverkehr und dessen Sogwirkung kann sehr gefährlich werden.

Im Norden der Stadt erstreckt sich der **Nordpark** 40, eine große Parkanlage mit einem Palmen-, Sommerblumen- und einem japanischen Garten. Letzterer ist ein Areal mit Wasserfall, Weiher, malerischen Felsen, Fächerahorn und geschnittenen Kiefern.

Wer eine kleine Auszeit im südlichen Teil der Altstadt sucht, findet mit dem **Rosengarten** (s. S. 74) hinter dem Stadtmuseum eine grüne Oase.

Zur richtigen Zeit am richtigen Ort

Januar, Februar, März

- **boot Düsseldorf:** internationale Bootsausstellung Ende Januar auf dem Messegelände (www.boot.de)
- **Rundgang in der Kunstakademie** (www.kunstakademie-duesseldorf.de/die-akademie/rundgang): Im Februar öffnet die Kunstakademie an einem Wochenende ihre Türen und die Studenten präsentieren der Öffentlichkeit ihre Werke.
- **PSD Bank Leichtathletik Meeting Düsseldorf:** Ende Jan./Anfang Febr. in der Leichtathletikhalle im Arena-Sportpark (https://meeting.psdrr.de)
- **Rheinischer Karneval:** im Februar/März in der Altstadt/Innenstadt (www.comitee-duesseldorfer-carneval.de). Neben dem offiziellen Rosenmontagsumzug gibt es viele kleine Züge durch die einzelnen Viertel der Stadt (www.karneval-in-duesseldorf.de).
- **Nacht der Kirchen:** Februar/März, Andachten, Orgelkonzerte und Kirchenführungen bei freiem Eintritt (www.nachtderkirchen.de)

April, Mai, Juni

- **METRO Group Marathon Düsseldorf:** Marathonlauf im April oder Mai, Start/Ziel ist die Rheinuferpromenade (www.metrogroup-marathon.de).
- **Nacht der Museen:** Im April oder Mai haben alle (ca. 40) Kulturinstitute der Stadt für eine Samstagnacht geöffnet. Zahlreiche Ausstellungen und dazu ein Rahmenprogramm mit Musik, Partys usw. (www.nacht-der-museen.de).
- **Power Horse Cup:** Tennis-Mannschaftsweltmeisterschaft, die im Mai im Rochusclub stattfindet (www.tennis-weblog.de/turniere/power-horse-world-team-championship-duesseldorf)
- **Jazz Rally:** im Mai oder Juni, Jazzkonzerte an verschiedenen Orten der Stadt (www.duesseldorfer-jazzrally.de)
- **Japan-Tag mit Japan-Feuerwerk:** großes Fest mit Kulturprogramm und Feuerwerk Ende Mai/Anfang Juni an der Rheinuferpromenade (www.japantag-duesseldorf-nrw.de)
- **Bücherbummel auf der Kö:** großes Bücherfestival und Bücherverkauf auf der Königsallee im Juni (www.buecherbummel-auf-der-koe.de)
- **Mittsommernacht:** Einkaufen, Kultur und Kulinarisches im Juni auf der Rheinuferpromenade. Vor allem die 150 m lange Tafel, die zum Essen einlädt, ist beliebt (www.duesseldorf-altstadt.de).
- **Radschlägerturnier der Stadtsparkasse:** im Juni, langjährige Tradition, bei der

EXTRATIPP

Kirmes am Rhein

Eine der größten Attraktionen in Düsseldorf ist die **Größte Kirmes am Rhein.** Sie findet jedes Jahr zehn Tage lang Mitte/Ende Juli auf den **Rheinwiesen** (s. S. 102) zwischen Oberkasseler Brücke und Rheinkniebrücke statt und lockt jährlich **mehr als 4 Millionen Besucher** an.

Das Fest findet jeweils in der dritten Juliwoche statt und wird zu Ehren des **Stadtpatrons,** des heiligen **Apollinaris** gefeiert, der am 23. Juli Namenstag hat. Die Gebeine des heiligen Apollinaris ruhen in einem Schrein in der St. Lambertuskirche 4. In einer **Prozession** wird der Schrein am Donnerstag vor Ende der Kirmes nach einem Gottesdienst durch die Altstadt getragen. Der Höhepunkt ist das **Feuerwerk** am Freitag vor Ende der Kirmes.

EXTRAINFO

Termine und Veranstaltungen

Aktuelle Tipps zu Terminen und Veranstaltungen in Düsseldorf findet man auf folgenden Internetseiten:

- **www.prinz.de/duesseldorf**
- **www.coolibri.de/staedte/duesseldorf.html**
- **www.duesseldorf-tourismus.de/veranstaltungen**

Kinder Rad schlagen und im Wettbewerb gegeneinander antreten, am Rheinufer (www.aldeduesseldorfer.de)

- **T3 Triathlon Düsseldorf:** Ende Juni/Anfang Juli findet der große Wettkampf im Triathlon statt. Start/Ziel im Medienhafen (www.t3-duesseldorf.de)

Juli, August, September

- **Frankreichfest:** Großes Frankreichfest mit Kulinarischem und Musik im Juli auf dem Burgplatz und der Rheinuferpromenade (www.duesseldorfer-frankreich-fest.de)
- **Open-Air-Kino im Rheinpark:** im Juli/August (www.commerzrealcinema.de)
- **Kunstpunkte:** An zwei Wochenenden im August/September öffnen sich die Ateliers von Düsseldorfer Künstlern für interessierte Besucher (www.kunstpunkte.de).
- **CARAVAN Salon Düsseldorf:** internationale Caravanmesse im August/September auf dem Messegelände (www.caravan-salon.de)
- **Düsseldorfer Kö-Lauf der Stadtwerke:** internationaler Straßenlauf auf der Königsallee im September (www.swd-koelauf.de)
- **Weltkindertag in Düsseldorf:** Kinderfest im September auf der Rheinuferpromenade (www.duesseldorf.de)
- **Chinafest Düsseldorf:** Chinesisches Fest im September auf dem Marktplatz vor dem Rathaus (www.duesseldorf-tourismus.de/top-veranstaltungen/chinafest-duesseldorf)
- **Düsseldorf Festival:** Kulturfestival, das von September bis Oktober an verschiedenen Orten stattfindet (www.altstadtherbst.de)

Oktober, November, Dezember

- **St.-Martins-Fest:** Am 10. November wird mit einem Fackelzug in der Altstadt (auch in anderen Stadtteilen) an den Namenstag des heiligen Martin von Tours erinnert. Der Start ist um 17 Uhr auf dem Stiftsplatz.
- **Hoppeditz' Erwachen:** Karnevalsauftakt am 11. November um 11.11 Uhr auf dem Rathausvorplatz in der Altstadt (www.comitee-duesseldorfer-carneval.de)
- **Weihnachtsmarkt:** In der Adventszeit (von Mitte/Ende November bis zum 23. Dezember) findet in der Innenstadt/Altstadt an verschiedenen Orten der Weihnachtsmarkt statt. Auf dem Marktplatz präsentieren Kunstschmiede, Glasbläser und Kerzenzieher ihre handwerklich gearbeiteten Produkte (www.duesseldorf-weihnachtsmarkt.de).

DÜSSELDORF VERSTEHEN

082df Abb.:as©hanseat

Düsseldorf – ein Porträt

Die Metropole Düsseldorf zieht sich rechts und links am Rhein entlang. An den kompakten Altstadtkern mit seinen historischen Gebäuden schließt sich im Süden der Medienhafen mit seiner innovativen Architektur an. Beide sind über die Rheinuferpromenade miteinander verbunden, die von zahlreichen Sehenswürdigkeiten gesäumt ist. Im Norden führen die Rheinwiesen bis zum Nordpark. Oberkassel, das auf der anderen Rheinseite liegt, erreicht man über eine Brücke und weiter entfernt gelegene Stadtteile und Sehenswürdigkeiten wie z. B. Kaiserswerth im Norden oder Schloss Benrath im Süden sind gut durch den öffentlichen Nahverkehr angebunden. Immer wieder trifft man in der Stadt auch auf Grünflächen wie Gärten und Parks. Napoleon hat Düsseldorf bei seinem Besuch so gut gefallen, dass er die Stadt „Klein-Paris" genannt haben soll.

Düsseldorf wird aber nicht nur vom **Rhein** geprägt, der die Stadt durchschneidet, sondern auch von der **Düssel**, die der Stadt ihren Namen gegeben hat. Sie durchfließt Düsseldorf mal über- und mal unterirdisch und hat ihre Quelle bei Aprath, in der Nähe von Mettmann und Wülfrath. Der Fluss teilt sich in einen nördlichen und einen südlichen Arm, die beide schließlich in den Rhein münden.

Düsseldorf ist nicht von einer Stadtmauer umgeben und wirkt daher sehr offen. Die früheren Festungsanlagen wurden Anfang des 19. Jh. geschleift und statt ihrer wurde z. B. die Königsallee angelegt. Die Altstadt befindet sich auf der **rechten Seite des Rheins.** Der älteste Teil stammt aus dem Mittelalter und liegt rund um die St. Lambertuskirche (4). Von dort dehnte sich die Stadt dann zunächst weiter Richtung Süden aus. Heute ist die Altstadt eine reine Fußgängerzone. Im Süden schließt die **Carlstadt** mit ihren Bürgerhäusern und Palais aus dem 18. und 19. Jh. an die Altstadt an. Unter preußischer Herrschaft entstanden dann die **Friedrichstadt** und **Bilk**, noch weiter südlich gelegen.

Mehrere Orte wurden im Laufe der Zeit eingemeindet und die Stadt vergrößerte sich. Richtung Norden erstreckt sie sich bis nach **Kaiserswerth**, das 1929 Teil der Stadt wurde, und seit 1909 dehnt sich Düsseldorf durch die Eingemeindung von **Oberkassel** und **Heerdt** auch auf die **linke Rheinseite** aus. Die Stadt erstreckt sich heute auf einer Fläche von ca. 217 km², auf denen etwa 646.000 Menschen wohnen. Sie liegt am (Nieder-)Rhein auf einer Höhe von 38 m über NHN.

Bereits seit Anfang der 1980er-Jahre wird ein alter Hafenteil zum vor allem auch architektonisch sehenswerten **Medienhafen** umgebaut. Schon von Weitem ist der Rheinturm sichtbar. Dahinter befinden sich die Gehry-Bauten mit ihrer „tanzenden" Architektur.

031df Abb.: hg

Von den Anfängen bis zur Gegenwart

1195 wurde Düsseldorf erstmalig erwähnt, 1288 wurde es nach der Schlacht von Worringen zur Stadt erhoben und erhielt die Stadtrechte. Damit begann der Handel und die Stadt begann zu wachsen und wirtschaftlich aufzublühen. Heute ist Düsseldorf die Landeshauptstadt von Nordrhein-Westfalen, dem größten deutschen Bundesland.

Ab 7. Jahrhundert: Erste Siedlungen im Raum Düsseldorf entstehen in Kaiserswerth (seit ca. 695), Bilk (799), Gerresheim (870) und Heerdt (1074). Alle werden später eingemeindet. 1195 wird Düsseldorf, das Dorf an der Düssel, zum ersten Mal erwähnt.

1288: Nach der Schlacht von Worringen (14. August 1288) erhält Düsseldorf durch Graf Adolf von Berg und seine Frau Elisabeth von Geldern die Stadtrechte. Sie umfassten das Marktrecht, das Zollrecht und eine neue Gerichtsbarkeit. Düsseldorf hat ca. 400 Einwohner.

1380: Um ca. 1400 wird die Grafschaft Berg zum Herzogtum. Düsseldorf wird zur Residenz- und Hauptstadt ausgebaut und ist mit ca. 1800 Einwohnern die größte Stadt im Herzogtum. Ende des 14. Jh. wächst die Stadt durch Eingemeindungen rapide an. Derendorf, Golzheim, Grafenberg, Flingern, Bilk und Hamm sind nun Teil der Stadt.

1521: Düsseldorf wird zur Hauptstadt der vereinigten Herzogtümer Jülich, Kleve, Mark und Berg. Die Befestigung der Stadt wird verstärkt. Herzog Wilhelm der Reiche gibt um 1540 den Auftrag zum Bau einer Zitadelle, die jedoch unvollendet bleibt. Bis 1600 wird die Stadt mit neu gestaltetem Schloss und Rathaus zur Renaissanceresidenz ausgebaut. 1585 findet die große Hochzeit zwischen Johann Wilhelm, dem Sohn Wilhelms des Reichen, und Jacobe von Baden statt. Die Ehe verläuft sehr unglücklich und Jacobe von Baden stirbt schließlich unter ungeklärten Umständen. Auch Wilhelms Ehe mit seiner zweiten Frau bleibt kinderlos. Er bleibt also ohne Nachfolger.

Ab 1614: 1609 bis 1614 kommt es zum Jülich-Klevischen Erbstreit. Düsseldorf fällt zusammen mit den Herzogtümern Jülich und Berg an das Haus Pfalz-Neuburg. 1614 tritt Wolfgang Wilhelm die Regierung an, 1653 sein Nachfolger, Philipp Wilhelm, der bis 1679 regiert und beginnt, die Stadt zur barocken

Seite 105: Ein Mix aus Alt und Neu im Medienhafen (s. S. 47)

Düsseldorfs Altstadt liegt rechtsrheinisch

032df Abb.: hg

Residenzstadt auszubauen. Das Schloss in Benrath entsteht (1660–1671).

1679–1716: Unter Johann Wilhelm II., kurz Jan Wellem genannt, gelangt die Stadt zu kultureller Blüte. Festungen werden gebaut, die Straßen gepflastert und im Schloss entsteht die größte Gemäldegalerie Europas. Nach Jan Wellems Tod wird die Residenz nach Mannheim verlegt. Sein Nachfolger ist Kurfürst Carl III. Philipp, der bis 1742 regiert.

1742–1795: Unter der Regentschaft von Kurfürst Carl Theodor blüht die Stadt wirtschaftlich und kulturell erneut auf. Schloss Jägerhof und der Hofgarten entstehen, Schloss Benrath wird neu gebaut und das Rathaus umgebaut. Die Stadt wird durch die Carlstadt nach Süden erweitert. 1758 wird die Stadt im Zuge des Siebenjährigen Krieges von den Hannoveranern beschossen.

1795–1815: 1795 wird Düsseldorf durch Kapitulation den Franzosen übergeben und französische Revolutionstruppen besetzen die Stadt. Bis zum Frieden von Lunéville im Jahr 1801 ist Düsseldorf französisch, danach fällt es für kurze Zeit an Bayern zurück. Die Festungsanlagen werden geschleift, die Königsallee wird angelegt und der Hofgarten erweitert. Nach dem Vertrag von Schönbrunn und dem Vertrag von Brünn steht die Stadt ab 1806 wieder unter französischer Verwaltung und ist Hauptstadt des Großherzogtums Berg. Düsseldorf nutzt die Zeit unter französischer Verwaltung. Der Code civil bringt Rechtssicherheit und gesetzliche Gleichheit für alle. Die Handels- und Gewerbefreiheit belebt die Wirtschaft. 1811 ist Napoleon in Düsseldorf zu Besuch und von der Stadt, die er „Klein-Paris" nennt, begeistert. Ihm zu Ehren findet die erste Gewerbeausstellung statt.

1815: Friedrich Wilhelm III. von Preußen nimmt das Rheinland in Besitz und Düsseldorf wird mit ca. 20.000 Einwohnern preußische Provinzhauptstadt. Der Stadtausbau wird weiter vorangetrieben. Prinz Friedrich Wilhelm Ludwig von Preußen, Neffe des preußischen Königs, hält auf Schloss Jägerhof fürstlich Hof.

1815–1859: Als erstes Großunternehmen entsteht 1815 eine Textilfabrik in Düsseldorf. Ab 1824 ist die Stadt Sitz der Provinzialstände der Preußischen Rheinprovinz. Es kommt zur Gründung der Handelskammer und die Gewerbeausstellung für die Rheinprovinz findet statt. Die erste Eisenbahnstrecke wird eröffnet, die erste Schiffsbrücke und das erste

Der Fischerjungenbrunnen hinter der St. Lambertuskirche **4** *erinnert daran, dass Düsseldorf ursprünglich ein Fischerdorf war*

Stahlwerk werden gebaut. 1819 wird die Düsseldorfer Kunstakademie zur Königlichen Kunstakademie Preußens und Düsseldorf erlebt seine Blüte als Kunststadt. 1852 folgt eine weitere Gewerbeausstellung. 1854 wird die Stadt Richtung Süden weiter ausgebaut und durch die Friedrichstadt, die nach König Friedrich Wilhelm IV. benannt ist, erweitert. Mit der Märzrevolution von 1848 beginnt die Epoche des bürgerlichen Nationalstaates. Damit verbunden ist der Aufstieg des Bürgertums. Durch die Industrialisierung kommt es zu einer wachsenden Finanzkraft der Unternehmer.

Ab 1860: Die Hochindustrialisierung ist in vollem Gange und der Verein Deutscher Eisenhüttenleute wird gegründet. Die Gerresheimer Glashütte und ein städtisches Gas- und Wasserwerk werden in Betrieb genommen. Die Hammer Eisenbahnbrücke wird als erste Festbrücke über den Rhein gebaut. Das Henkel-Werk zieht nach Düsseldorf und auf dem neu angelegten Zoogelände findet 1880 die „Große Industrie- und Gewerbeausstellung“ statt.

Ab1882: In der Zeit zwischen 1880 und 1900 steigt die Bevölkerungszahl um mehr als das Doppelte an und mit 100.000 Einwohnern wird Düsseldorf 1882 zur Großstadt. 1900 sind es bereits 215.000 Einwohner. Die Börse wird gegründet und 1896 der Hafen eröffnet. An der Wende zum 20. Jh. ist Düsseldorf eine geschäftige Industriestadt. 1902 findet die Industrie-, Gewerbe- und Kunstausstellung statt. Ca. 5 Mio. Besucher kommen. 1909 kommt es zu weiteren Eingemeindungen – auf der linken Rheinseite Oberkassel und Heerdt, rechtsrheinisch Stockum, Rath, Gerresheim, Eller, Wersten und Himmelgeist. Die Stadt hat inzwischen mehr als 300.000 Einwohner. Pläne für die „Millionenstadt Düsseldorf“ werden vorgestellt, dann kommt der Erste Weltkrieg.

1914–1919: Das Leben in der Stadt ändert sich merklich. Die Düsseldorfer Industrie stellt auf Kriegsproduktion um und wird eine der großen Waffenschmieden.

Ab Ende 1918: Düsseldorf wird linksrheinisch von belgischen und im Süden von englischen Truppen besetzt. 1921 rücken französische Truppen ein. Das Rheinland muss Reparationszahlungen leisten, die wirtschaftliche Lage ist miserabel. Die Besetzung dauert bis 1925 und belastet die Bürger sehr, dennoch kommt es Mitte der 1920er-Jahre zu einer Aufbruchstimmung. So entstehen das erste Bürohochhaus, das Wilhelm-Marx-Haus (1924), und die bis dahin größte Messe, die GeSoLei (1926). 1929 wächst die Stadt durch die Eingemeindungen von Kaiserswerth (die älteste Siedlung im Raum Düsseldorf), Lohausen, Benrath, Holthausen und Reisholz erneut. 1933 hat die Stadt ungefähr 500.000 Einwohner.

1933–1945: Düsseldorf steht unter nationalsozialistischer Herrschaft. 1937 findet die Reichsausstellung „Schaffendes Volk“ im Ehrenhof statt. Die Synagoge wird niedergebrannt und jüdische Mitbürger werden verfolgt. Während des Zweiten Weltkriegs wird Düsseldorf zwischen 1942 und 1945 zu 60 Prozent zerstört.

Ab 1946: Düsseldorf wird Hauptstadt der Provinz Nordrhein-Westfalen und 1949 dann Landeshauptstadt. 1949 wird der Betrieb am Flughafen wieder aufgenommen. 1963 hat Düsseldorf 700.000 Einwohner.

1965: Düsseldorf erhält eine Universität.

1967: Die erste S-Bahn der Stadt nimmt den Dienst auf.

1971: Bau einer neuen Messe

1973: Baubeginn der U-Bahn, die 1981 in Betrieb geht

1975: Die Eingemeindung von Angermund, Hubbelrath, Unterbach und Hellerhof vergrößert erneut das Stadtgebiet.

1987: Die BUGA (Bundesgartenschau) findet in Düsseldorf statt.
1988: 700-Jahr-Feier der Stadt
1995: Die neu gestaltete Rheinufer-promenade wird eingeweiht.
2002: Der erste Ski-Weltcup im Langlauf findet auf der unteren Rheinwerft (Rheinuferpromeande) statt (auf Kunstschnee).
2003: Die Häfen von Düsseldorf und Neuss schließen sich zusammen und so entsteht der drittgrößte Binnenhafen Deutschlands.
2008: Bei der Entente florale gewinnt Düsseldorf den 1. Platz als grünste Stadt Deutschlands.
2009: Der Düsseldorfer Hauptbahnhof wird renoviert.
2010: Düsseldorf erhält eine neue U-Bahn: Mit dem Bau der Wehrhahn-Linie wird begonnen.
2011: Der Eurovision Song Contest wird in Düsseldorf ausgetragen.
2012: Düsseldorf ist zum wiederholten Mal in Folge unter den Top Ten der deutschen Städte, was die Lebensqualität anbelangt (Mercer-Studie).
2013: Düsseldorf feiert sein 725-jähriges Bestehen.
2014: Die Special Olympics finden in Düsseldorf statt. Düsseldorf hat über 600.000 Einwohner.
2016: Die neue U-Bahn-Linie wird eröffnet.
2017: Auftakt der Tour de France mit dem Grand Départ in Düsseldorf
2020: Der in Düsseldorf geplante Men's World Cup des Welttischtennisbunds ITTF wird wegen der Coronapandemie abgesagt und in China ausgetragen.

An der Rheinpromenade herrscht fast immer reges Leben

Leben in der Stadt

Düsseldorf ist die **Landeshauptstadt von Nordrhein-Westfalen**, dem größten deutschen Bundesland, und hat zurzeit ca. 646.000 Einwohner. Die Stadt befindet sich im Zentrum der Rhein-Ruhr-Region und ist ein wichtiges **Handels- und Dienstleistungszentrum.** Mehr als 13.000 ausländische Unternehmen gibt es in Düsseldorf. Von ihnen sind etwas mehr als 4000 ins Handelsregister eingetragen. Die Unternehmer stammen aus 138 verschiedenen Nationen. Düsseldorf ist vor allem ein beliebter Standort für Werbeagenturen, Unternehmensberatungen, Telekommunikationsfirmen, Banken, Groß- und Außenhandel, aber auch die Modebranche in der Stadt floriert. 1971 wurde die neue **Messe** gebaut und etwa 40 internationale Fachmessen finden hier regelmäßig statt, davon 20 Weltleitmessen wie die drupa, die Kunststoff oder die Boot. Für andere Großevents steht die **Merkur Spiel-Arena** [C6] zur Verfügung.

Die Stadt ist verkehrstechnisch gut angebunden. Der **Hauptbahnhof** entstand in den 1980er-Jahren und ist Knotenpunkt für den Nah- und Fernverkehr, S- und U-Bahn. Der Düsseldorfer **Flughafen** hat einen Einzugsbereich, der vom Ruhrgebiet bis nach Bonn reicht, und wickelt sowohl Linien-, als auch Charter- und Luftfrachtverkehr ab. Viele internationale Airlines fliegen von Düsseldorf aus zahlreiche Ziele weltweit an.

Was die **Lebensqualität** anbelangt, so kam die Stadt am Rhein in den letzten Jahren bei einer Studie (Mercer-Studie für Lebensqualität) regelmäßig unter die Top Ten in Deutschland. Bei der Studie, in der weltweit 215 Großstädte untersucht wurden,

bewertete man nicht nur wirtschaftliche Faktoren, sondern auch Umweltaspekte, Kriterien wie Sicherheit und Gesundheit, Bildungs- und Verkehrsangebote sowie Dienstleistungen der Stadt.

Düsseldorf ist eine **Weltstadt** und ist auch für **andere Kulturen und Nationalitäten** offen. Etwa 20 % der Düsseldorfer besitzen einen ausländischen Pass. Die meisten davon sind türkischstämmige Mitbürger, die vor allem in Oberbilk leben. Bereits in den 1950er-Jahren haben sich japanische Unternehmen in der Stadt niedergelassen und inzwischen leben etwa **7000 Japaner** in Düsseldorf. Nicht weit vom Bahnhof (zwischen Berliner Allee und Bahnhof) hat sich außerdem die **chinesische Gemeinschaft** etabliert. Etwa 330 chinesische Unternehmen haben ihren Sitz in Düsseldorf und knapp 3000 Chinesen wohnen in der Stadt.

Düsseldorf bietet also eine Mischung aus unterschiedlichsten Kulturen, Nationalitäten und Mentalitäten und den **„typischen Düsseldorfer“** gibt es deshalb kaum. Nichtsdestotrotz ist der **Rheinländer** schon ein besonderer Menschenschlag, der sich durch **Geselligkeit** und **Kommunikationsfreude** auszeichnet. Bei einem Besuch in einer der vielen Hausbrauereien kommt man schnell miteinander ins Gespräch und dabei kann es schon einmal vorkommen, dass dem Gast lebenslange Freundschaft angetragen wird, die aber am nächsten Tag bereits vergessen ist. Lore Lorentz vom Düsseldorfer Kom(m)ödchen hat das einmal so formuliert: „Der Düsseldorfer öffnet die Arme zur Begrüßung, aber er schließt sie nicht.“

Geselligkeit wird gern gesehen, aber immer mit einer gewissen Distanz, und nicht jedes Wort darf auf die Goldwaage gelegt werden. Auch die immer wieder beschworene **Rivalität zwischen Düsseldorf und Köln** ist unter diesem Aspekt zu sehen und wird eher mit einem Augenzwinkern betrachtet. Man sollte auf keinen Fall den Fauxpas begehen und im Lokal ein „Kölsch“ statt eines „Alt“ bestellen. **Wirtschaftlich betrachtet** ist Düsseldorf eine florierende Stadt. Der **Tourismus** ist dabei einer der Wachstumsmotoren. In den letzten Jahren hat Düsseldorf an Beliebtheit gewonnen und konnte 2019 mehr als 5 Mio. Übernachtungen aufweisen.

Klein-Tokio

Mit etwa 7000 Mitgliedern lebt in Düsseldorf die größte ***japanische Gemeinde*** *Deutschlands. In Europa ist sie nach London und Paris die drittgrößte. In den 1950er-Jahren kamen erste japanische Geschäftsleute nach Deutschland. Sie wollten die japanische Wirtschaft wieder aufbauen und waren auf der Suche nach Produkten aus der* ***Schwerindustrie*** *und nach* ***chemischen Erzeugnissen.*** *Im Ruhrgebiet fanden sie Kohle und Stahl und außerdem waren die Lage Düsseldorfs innerhalb Europas und die Anbindung an andere wichtige europäische Städte so gut, dass die Stadt zur „japanischen Hauptniederlassung" auserkoren wurde. Seither schicken japanische Unternehmen ihre Mitarbeiter zusammen mit deren Familien regelmäßig für einige Jahre nach Deutschland und im Laufe der Zeit hat sich so eine gute Infrastruktur entwickelt. Es gibt zwei örtliche* ***japanische Zentren:*** *Einmal die* ***Immermannstraße*** *[L16-M17], wo sich wichtige japanische Institutionen, Geschäfte und Restaurants befinden, und* ***Ober- und Niederkassel*** *auf der anderen Seite des Rheins, wo viele Japaner wohnen. Dort gibt es auch einen japanischen Kindergarten und eine japanische Schule. Besonders sehenswert ist vor allem das EKO-Haus* ***43****, ein buddhistischer Tempel mit Zen-Garten.*

Entlang der Immermannstraße befindet sich das ***Deutsch-Japanische Center*** *(Immermannstraße 41) mit dem japanischen Generalkonsulat und der japanischen Industrie- und Handelskammer, beide in den 1960er-Jahren entstanden. Das Hotel Nikko (ebenfalls Immermannstraße 41), ein 600-Betten-Hotel, ist die erste Adresse für japanische Gäste, wenn sie nach Düsseldorf kommen, und gegenüber reihen sich japanische Restaurants, Cafés und Geschäfte aneinander. Im*

Düsseldorf – eine Stadt im Umbruch

Wer im Augenblick nach Düsseldorf kommt, ist zunächst einmal überrascht, denn die Stadt zeigt sich dem Besucher an manchen Stellen momentan nicht gerade von ihrer schönsten Seite. Der Grund: In Düsseldorf wird gebaut – und zwar an vielen Stellen.

2016 wurde die neue U-Bahn-Linie, die **Wehrhahn-Linie**, eröffnet. Sie durchzieht Düsseldorf von Nord nach Süd und wird von vier Bahnen befahren: U71, U72, U73 und U83. Jeder der Haltepunkte wurde von einem **Künstler** gestaltet. Während die Arbeiten unter der Erde abgeschlossen sind, sind sie es über der Erde noch nicht. Alte Schienen müssen noch entfernt und Plätze neu gestaltet werden.

Im Zuge der Arbeiten wurde auch der **Übergang zum Hofgarten** mit Jan-Wellem-Platz, Schadowplatz, Dreischeibenhaus und Gustaf-Gründgens-Platz vor dem Schauspielhaus **neu gestaltet.** Der **Verkehr** wird hier **unterirdisch** geführt. Tunnel verbinden die Tiefgaragen unter dem Gustaf-Gründgens-Platz und dem Dreischeibenhaus sowie dem Steigenberger Parkhotel.

*Designladen **Kyoto** (s. S. 100) gibt es in Japan hergestellte Waren, vom Papierfisch über Keramik und Blumenvasen bis hin zu Esstischen. Wer Lust hat, kann in der **Bakery My Heart** (s. S. 83) Grünteekuchen, mit roter Bohnenpaste gefülltes Gebäck oder eines der leckeren Sandwiches probieren.*

*Eine Spezialität sind auch die **japanischen Nudelsuppen,** die es in vielen Varianten mit Udon- (Weizen) oder Sobanudeln (Buchweizen) und mit oder ohne Miso (Sojabohnenpaste) gibt. Vor allem vor dem **Naniwa Noodles & Soups** (s. S. 83) warten immer lange Schlangen auf einen Sitzplatz im Lokal. Japanische Snacks wie Onigiri (salzige japanische Reiskuchen mit unterschiedlicher Füllung), die mit Nori (Algenblättern) umwickelt sind, oder Sushi, Matcha-Tee, Sojasoßen, Sake (Reiswein) und viele andere japanische Lebensmittel lassen sich in den großen **Supermärkten** in der Immermannstraße erstehen. Ein japanischer Buchladen (Marienstraße), Friseure, Immobilienmakler runden das Angebot ab.*

*Einmal im Jahr findet der **Japan-Tag** statt, bei der die japanische Gemeinde ein umfangreiches Kulturprogramm präsentiert. Mehr als 1 Mio. Besucher lockt er jedes Jahr an den Rhein. Es gibt Bühnenshows wie z. B. Taiko-Trommeln oder Bon-Tanz und kostenlose Mitmachaktionen wie Origami (Papierfalten), Kalligrafie, Ikebana oder eine Kimono-Anprobe. Auch Mangafans aus aller Welt treffen sich hier und ziehen verkleidet durch die Straßen.*

*Besonders sehenswert ist auch der **japanische Garten,** der sich im Düsseldorfer Nordpark* **40** *befindet. Ein 5000 m² großes Areal mit Wasserfall, Weiher, malerischen Felsen, Azaleen, Fächerahornbäumen und geschnittenen Kiefern.*

Auch das nördliche Ende der **Königsallee** hat sich verändert. Hier entstand nach Plänen des Architekten Daniel Libeskind, der bereits das Jüdische Museum in Berlin und das Denver Art Museum entwarf, der neue Gebäudekomplex **Kö-Bogen.** Dadurch gibt es eine direkte Verbindung von der Königsallee zum Hofgarten, indem das Wasser im **Kö-Graben** am Corneliusplatz mit der Landskrone, einem Weiher im Hofgarten, zusammengeführt wird – keine neue Idee, denn so sah es bereits der Ursprungsplan aus dem 19. Jh. vor. Das gesamte Areal wirkt offener, fußgängerfreundlicher – und grüner.

Der **Kö-Bogen** besteht aus zwei großen Gebäuden, in denen sich überwiegend Modegeschäfte wie Breuninger (s. S. 98) und Restaurants befinden. Weitere Bauten entstanden, vor allem der **Kö-Bogen II** (vor dem Schauspielhaus [L15]). Architekt Christoph Ingenhoven gestaltete dieses Areal wie ein Tal, das zwischen zwei begrünten Bauten hindurch den Blick zum Schauspielhaus freigibt. Auch das **Schauspielhaus** (s. S. 91) selbst wurde bei dieser Gelegenheit saniert. Der Kö-Bogen II besteht aus einem mehrgeschossigen Hauptgebäude und einer ebenerdigen Markthalle mit einem begehbaren Dach.

075df Abb.: ck

Das Gebäude erinnert an das New Yorker Lincoln Center. Dach und Teile der Fassade sind komplett begrünt. Ingenhoven ist für seine nachhaltige und grüne Bauweise bekannt. Durch die neue Gestaltung ist eine zusammenhängende autofreie Einkaufszone entstanden. Sie beginnt am oberen Ende der Kö und führt an Kö-Bogen und Kö-Bogen II vorbei zur Shadowstraße. Noch sind nicht alle Arbeiten abgeschlossen (Stand Anfang 2021).

Ein weiteres, inzwischen abgeschlossenes Neubauprojekt ist das **Andreas-Quartier**, zwischen Mühlenstraße und Ratinger Straße [J15], das nach der gegenüberliegenden Andreaskirche benannt ist. Hier entstand im ehemaligen, unter Denkmalschutz stehenden Amtsgericht und einem Neubau-Teil ein ganz neues Viertel mit Wohnungen, Galerien, Büroflächen und Gastronomie, z. B. der spanischen **20Grad Restobar** (s. S. 79) oder dem **Mutter-Ey-Café** (s. S. 87). Direkt neben der **K20 – Kunstsammlung Nordrhein-Westfalen** ❼ können hungrige und müde Besucher hier eine kulinarische Pause einlegen.

› Aktuelle Infos zum Stand der Bauarbeiten finden sich im Internet unter www.duesseldorf.de/stadtplanung/index.shtml.

⊡ *Am oberen Ende der Königsallee entstand der Kö-Bogen von Architekt Daniel Libeskind*

PRAKTISCHE REISETIPPS

005df Abb.: hg

An- und Rückreise

Mit dem Flugzeug

Düsseldorf International ist nach Frankfurt und München der drittgrößte deutsche Flughafen. Er befindet sich im **Norden** der Stadt und ist gut an die **öffentlichen Verkehrsmittel** angebunden. In die Stadt kommt man am einfachsten mit den **S-Bahnen** S 1, die am Bahnhof Düsseldorf Flughafen hält, und der S11, die vom S-Bahnhof „Bahnhof Düsseldorf Flughafen Terminal" abfährt, beide unterirdisch direkt am Flughafengebäude gelegen. Ein **Bus** (Nr. 721) fährt außerdem zum Hauptbahnhof. Mit dem **Taxi** braucht man in die City ca. 10 bis 15 Minuten.

Meistens fährt während der **Messen** alle 30 Minuten ein Bus vom Flughafen (Flugsteig A) zum Messegelände (verschiedene Messeeingänge) und zurück. Fahrtzeit: max. 15 Minuten.

Der Flughafen **Düsseldorf-Weeze** liegt ca. 70 Kilometer von Düsseldorf entfernt und wird u. a. vom „Billigflieger" Ryanair angeflogen. Die Fahrt in die Stadt dauert ca. 90 Minuten. Ein Bus fährt mehrmals täglich vom Hauptbahnhof bzw. von der Messe nach Weeze und umgekehrt.

Mit dem Auto

Düsseldorf ist von einem dichten Autobahnnetz umgeben. Man erreicht die Stadt über die Autobahnen A3, A44, A46, A52, A57, A59 und A524 aus allen Richtungen. Der Weg in die Innenstadt ist gut ausgeschildert.

Vorseite: Viele Leute sind am Rheinufer mit dem Rad unterwegs

Mit dem Zug

Der **Düsseldorfer Hauptbahnhof**, der in den 1980er-Jahren erbaut wurde, wird regelmäßig von IC- und ICE-Zügen angefahren. Er hat **zwei Ausgänge:** In Richtung Innenstadt führt der Ausgang Konrad-Adenauer-Platz, stadtauswärts der Ausgang Bertha-von-Suttner-Platz. Direkt im Hauptbahnhof befindet sich auch eine **U-Bahn-Haltestelle**, von der aus man am besten in die City gelangt. Hierzu fährt man in Richtung Innenstadt/Messe (egal mit welcher Linie) und steigt an der Haltestelle „Heinrich-Heine-Allee" aus. Von dort ist sowohl die Altstadt als auch die Königsallee gut zu erreichen. Vor dem Bahnhof finden sich **Straßenbahn- und Bushaltestellen.**

Tickets für den öffentlichen Nahverkehr kann man an einem der Fahrkartenautomaten im Bahnhof bzw. an den jeweiligen Haltestellen lösen. In Straßenbahnen und U-Bahnen gibt es auch in den Fahrzeugen noch Automaten. Im Bus sind nur Einzeltickets erhältlich. Kurzstrecken (K) gelten meist für 3 Haltestellen. Mit einem Ticket für die Zone A kann man bequem im ganzen Stadtgebiet fahren.

› **www.bahn.de:** Infos zu Verbindungen und Fahrplänen der Deutschen Bahn

Autofahren

In Düsseldorf wird viel gebaut. In jüngster Vergangenheit wurden eine neue U-Bahn-Linie errichtet und der Kö-Bogen (s. S. 113) umgestaltet. Es folgte der Kö-Bogen II. Noch sind nicht alle Arbeiten abgeschlossen. Zeitweise sind Straßen gesperrt und es kommt zu erheblichen **Verkehrsbehinderungen.** Es ist daher ratsam,

090df Abb.: ck

Düsseldorf möglichst ohne Auto zu erkunden, zumal die Altstadt (reine Fußgängerzone) und die Stadtmitte sehr gut zu Fuß bzw. mit öffentlichen Verkehrsmitteln zu erkunden sind.

Die Düsseldorfer Innenstadt ist **Umweltzone**, d. h., es dürfen nur noch Fahrzeuge mit grüner Feinstaubplakette in der Umweltzone fahren. Ohne die Plakette werden ein Bußgeld von 80 € sowie Punkte in Flensburg fällig. Die Umweltzone ist im Laufe der Zeit erweitert worden. Welche Gebiete und Straßenzüge genau davon betroffen sind, erfahren Sie unter: www.duesseldorf.de/kfz/feinstaub.

Am besten lässt man sein Fahrzeug aber einfach an einem der **Park-and-Ride-Parkplätze** in und um Düsseldorf und fährt mit Bus oder Bahn in die Innenstadt. Park-and-Ride-Plätze sind z. B. die S-Bahn-Haltestellen Gerresheim, Gerresheim Krankenhaus, Südpark, Südfriedhof, Bahnhof Benrath oder Staufenplatz. Nähere Angaben zu den Park-and-Ride-Möglichkeiten in und um Düsseldorf finden sich auf der Website der Stadt Düsseldorf:

› www.duesseldorf.de/verkehrsmanagement/mit-dem-auto/parken-in-duesseldorf/park-and-ride.html

Wer dennoch mit dem Auto in die Stadt will oder muss, sollte auf das **Parkleitsystem** achten. Etwa 13.500 Stellplätze auf Parkplätzen, in Parkhäusern und Tiefgaragen sind an das System angeschlossen. Autofahrer erhalten über dynamische Wegweiser Informationen, wo es noch freie Plätze gibt.

Falschparker werden in Düsseldorf abgeschleppt oder es werden zum Teil empfindlich hohe Strafzettel verteilt. In der **Altstadt** gilt deshalb von Mo. bis Fr. zwischen 9 und 18 Uhr sowie Sa. von 9 bis 16 Uhr: **Parkschein** ziehen! Je nach Stadtgebiet und Tag zwischen 1,50 Euro und 3 Euro pro Stunde.

Durch den Bau des Kö-Bogen II am Schauspielhaus kann es zu Verkehrsbehinderungen kommen

Barrierefreies Reisen

Düsseldorf ist auch für **mobilitätseingeschränkte Personen** gut zu erkunden. Viele touristische Sehenswürdigkeiten sind barrierefrei und in fast allen Parkhäusern befinden sich Behindertenparkplätze. Der ideale Einstieg in eine **U-Bahn** ist mit einem entsprechenden **Symbol** und einer über der Tür angebrachten **Blinkleuchte** (blinkt nur bei bereits geöffneter Tür) versehen. Diese Türen befinden sich in der Mitte des Zuges. In **Straßenbahnen** eignet sich für Rollstuhlfahrer zum Einstieg die vorderste Tür. Die Türöffnungstaste weist zur Verdeutlichung ein Rollstuhlsymbol auf. In **Bussen** wird Menschen mit einer Behinderung der Einstieg durch den Einsatz von Niederflurbussen oder Klapprampen erleichtert. Einen **Linienplan** für mobilitätseingeschränkte Personen, der genau angibt, welche Haltestellen rollstuhlgerecht sind, gibt es als Download unter www.rheinbahn.de/kontakt/Barrierefreiheit.

Auch **blinde bzw. sehbehinderte Menschen** können Düsseldorf erkunden: Die meisten **Ampelanlagen** sind mit akustischen Signalen ausgerüstet. An diesen Ampelmasten (auf ca. 1,20 Meter Höhe) kann man auch ertasten, ob die Ampel gerade Grün oder Rot zeigt. Bei Grün vibriert das Signal. An **Haltestellen von Bus und Straßenbahn** befinden sich auf Höhe der ersten Eingangstür des Fahrzeugs im Bürgersteig eingelassene Rillenplatten.

Ein **taktiler Stadtplan** für die Düsseldorfer Altstadt im Maßstab von 1:1000 bildet außerdem die wichtigsten Sehenswürdigkeiten ab. Das Bronzemodell steht auf dem Marktplatz (beim Rathaus 11). Die Sehenswürdigkeiten sind sowohl in Blindenschrift als auch mit ertastbaren Buchstaben erklärt.

Weitere Informationen zur Barrierefreiheit von Sehenswürdigkeiten, Serviceeinrichtungen, Parkplätzen, öffentlichen Verkehrsmitteln und Unterkünften findet man unter www.duesseldorf-barrierefrei.de. Dort kann auch die Broschüre „**Düsseldorf Barrierefrei**" heruntergeladen werden, in der alle Informationen zusammengestellt wurden. Die Broschüre ist auch bei den Tourist-Informationen (s. S. 120) erhältlich.

› **Weitere Infos** gibt es unter http://duesseldorf-barrierefrei.de oder telefonisch unter der Nummer 172020.

Diplomatische Vertretungen

- **142** [G19] **Österreichisches Honorarkonsulat in Nordrhein-Westfalen,** Hammerstraße 17 (Postanschrift: Zollhof 8), Tel. 0211 8687270, www.honorarkonsul-duesseldorf.at, geöffnet: Mo., Di., Do. 9.30–12.30, Mi. 13.30–17.30 Uhr. Nur nach vorheriger Terminvereinbarung.
- **143** [J17] **Schweizerisches Honorarkonsulat,** Kasernenstraße 40, Tel. 0211 86939770, www.eda.admin.ch, geöffnet: Mo.–Fr. nach Vereinbarung. Bei konsularischen Dienstleistungen ist das Generalkonsulat in Frankfurt für das Bundesland NRW zuständig, Tel. 069 1700280.

Geldfragen

Düsseldorf ist **Großstadt** und **Landeshauptstadt** von Nordrhein-Westfalen, das zeigt sich auch bei den Preisen. Vor allem während der **Messen** sind die **Unterkünfte** sehr teuer. Doch die

Düsseldorf preiswert

*Mit der **DüsseldorfCard** können Besucher viele Vorteile nutzen. Sie beinhaltet die freie Nutzung der öffentlichen Verkehrsmittel im Stadtgebiet und ermäßigten beziehungsweise freien Eintritt in viele Museen, Theater und Veranstaltungsorte. Es gibt die Karte für 10 €, 15,50 € und 20 € (24, 48 und 72 Std.) für Einzelpersonen oder 19, 29 und 39 € für Gruppen (drei Erwachsene) bzw. Familien (zwei Erw. und max. zwei Kinder bis 14 Jahre). Infos erhält man auf der Website www.duesseldorf-tourismus.de/duesseldorfcard. Erhältlich ist die DüsseldorfCard in der Tourist-Information (s. S. 120) oder per Onlinebestellung.*

***Happy Hour in den Düsseldorfer Museen** (s. S. 65): Kostenlosen Eintritt in der letzten Öffnungsstunde erhält man im Heinrich-Heine-Institut, im Theater-, Stadt-, Schifffahrt-, Goethe-, Film- und Hetjens-Museum.*

- ***NRW-Forum** (s. S. 70). Am jeweils letzten Freitag im Monat um 18 Uhr gibt es eine kostenlose Führung auf Deutsch.*
- *Die Museen **K20** 7 und **K21** 15 bieten ein Kombiticket an.*
- ***Kunstverein und Kunsthalle** (s. S. 69). Jeden zweiten Sonntag im Monat ist Familientag und man erhält freien Eintritt.*

***Kostenlose Konzerte** werden z. B. hier geboten:*

*9 [J16] **Neanderkirche.** Von Mitte Juni bis Sept. Mi. 18.30 und 20 Uhr klassische Konzerte.*

*24 [K15] **Hofgarten.** Von Mai bis September jeden Sonntag von 11 bis 12 Uhr, vor allem Weltmusik und Jazz.*

Im Sommer finden im Hofgarten 24 kostenlose Konzerte statt

060df Abb.: hg

Vielfalt an Hotels, Restaurants, Veranstaltungsorten und Sehenswürdigkeiten ist groß und bietet **für jedes Budget etwas.** Gute Restaurants findet man in jeder Kategorie – von der einfachen Imbissbude bis zum Sternerestaurant. Die Wege in Düsseldorf sind kurz und können zu Fuß oder mit dem öffentlichen Nahverkehr zurückgelegt werden. Viele Sehenswürdigkeiten bieten außerdem zu bestimmten Zeiten ermäßigten oder sogar kostenlosen Eintritt an. Zudem gibt es eine Reihe von Veranstaltungen, wie z. B. Konzerte, die kostenlos sind.

Informationsquellen

Touristeninformation

Bei den offiziellen Informationsstellen der Düsseldorf Marketing & Tourismus GmbH erhält man alle wichtigen Informationen, Hilfe bei der Hotelzimmerbuchung, Tickets für Stadtführungen und Veranstaltungen, die Welcome Card oder auch Souvenirs.

ℹ **144** [M17] **Tourist-Information am Hauptbahnhof,** Immermannstraße 65b, Tel. 0211 17202867, www.duesseldorf-tourismus.de/informieren/tourist-information, geöffnet: Mo.–Mi. 9.30–15.30, Do., Fr. 9.30–18 Uhr (Stand Anfang 2021, ggf. längere Öffnungszeiten)

Die Stadt im Internet

- **www.duesseldorf.de** – die offizielle Website der Stadt Düsseldorf mit Informationen zur Stadt
- **www.duesseldorf-altstadt.de** – alles Wissenswerte über die Düsseldorfer Altstadt und die dortige Gastronomie
- **www.duesseldorf-tourismus.de** – Informationen zu Sehenswürdigkeiten, Unterkünften, Messebetreuung, Stadtrundfahrten und Angebote
- **www.messe-duesseldorf.de** – Daten und Fakten für Messebesucher
- **www.rheinbahn.de** – Infos zu Verbindungen und Fahrplänen im Nahverkehr. Die Rheinbahn ist in Düsseldorf für den öffentlichen Nahverkehr zuständig.
- **www.rp-online.de** – Website der Rheinischen Post mit Informationen zu Politik, Lokalem und Kultur
- **www.vrr.de** – Infos zu Verbindungen und Fahrplänen im Nahverkehr. Die Rheinbahn gehört zum Verkehrsverbund Rhein-Ruhr. Tarife und Tickets sind im gesamten VRR-Gebiet gleich.

Publikationen und Medien

- **PRINZ,** www.prinz.de/duesseldorf, das Stadtmagazin für Düsseldorf
- **Biograph,** www.biograph-online.de, kostenloses Heft mit Infos zu Kinoprogramm, Musik- und sonstigen Events
- **Coolibri,** www.coolibri.de, kostenloses Heft mit dem Kinoprogramm und Infos zu Musik- und sonstigen Veranstaltungen
- **Rheinische Post,** www.rp-online.de, regionale Zeitung mit eher konservativer Ausrichtung
- **NRZ – Neue Rhein Zeitung (gehört zur WAZ-Gruppe),** www.derwesten.de/nrz, eher links bzw. gewerkschaftlich orientiert
- **WZ – Westdeutsche Zeitung,** www.wz-newsline.de/lokales/duesseldorf, Tageszeitung, eher neutral ausgerichtet

App-Empfehlungen

- **Rheinbahn:** Infos zum Ticketkauf der Rheinbahn (www.rheinbahn.de, kostenlos für iOS und Android)
- **EuroCIS:** Eine von zahlreichen Apps der Messe Düsseldorf GmbH rund um die Messe EuroCIS mit Infos zu Ausstellern und einer Übersicht weiterer Messen (kostenlos für Android und iOS)

Meine Literaturtipps

- ***Fritz Dross, „Kleine Düsseldorfer Stadtgeschichte"**, Verlag Friedrich Pustet, 2007. Auf 150 Seiten erfolgt ein kurzer Abriss über die Geschichte Düsseldorfs.*
- ***Horst Eckert, „Königsallee"**, Grafit Verlag, 2008. Der Autor, der viele Jahre als Fernsehreporter tätig war, hat sich den Krimis verschrieben und sein „Tatort" ist Düsseldorf. Eckert lebt seit Jahren in der Rheinmetropole und wurde für seine Werke bereits mehrfach ausgezeichnet. In „Königsallee" geht es um Politik und Korruption. Wer mehr über den Autor wissen möchte, findet Informationen unter www.horsteckert.de.*
- ***Annette Kanis, „Grüne Glücksorte in Düsseldorf – Geh raus und blüh auf"**, Droste Verlag, 2020. Infos zu Parks, grünen Oasen und Naturschutzgebieten in und um Düsseldorf.*
- ***Alexander Scherer (Autor) und Maik Kopleck (Hrsg.), „PastFinder Düsseldorf"**, PastFinder Limited, Hongkong, 2008. Der Schwerpunkt dieser Reihe von Stadt- und Reiseführern liegt auf der jüngeren Vergangenheit. In verschiedene Stadtviertel aufgeteilt, vermittelt das Buch viel über historisch bedeutsame Orte seit 1933. Auch Außenbezirke und das Umland werden vorgestellt.*
- ***Mario Tranti, „25 Wanderungen rund um Düsseldorf"**, Droste Verlag, 2018, 7. Auflage. Beliebter Wanderführer für Düsseldorf, bei dem alle Start- und Endpunkte gut mit den öffentlichen Verkehrsmitteln zu erreichen sind. Mit GPS-Daten und Infos zu Einkehrmöglichkeiten.*

Internet

In Düsseldorf gibt es **kostenloses WLAN** im öffentlichen Bereich an vielen Wifi-Spots. Die Nutzung ist kostenlos. Die Nutzung ist für jedes WLAN-fähige Endgerät möglich, z. B. Smartphones, Tablets, Note- oder Netbooks. Infos findet man unter www.duesseldorf.de/hotspot.html.

LGBT+

Düsseldorf ist eine weltoffene Stadt. Schwule, Lesben und Transgender finden hier vielfältige Möglichkeiten der speziell zugeschnittenen Freizeitgestaltung wie Cafés, Veranstaltungen, Sportvereine, aber auch Informationsstellen.

145 [L18] **Club Levent**, Grupellostraße 32, Tel. 43639591, geöffnet: Mo.–Fr. 17–5 Uhr, Sa./So. rund um die Uhr. Kleine Kneipe für Schwule, Lesben und Freunde.

146 [O20] **Hotel am Volksgarten** €€, Flügelstraße 46, Tel. 725050, www.hotel-am-volksgarten.de. Persönlich gestaltetes und gay-freundliches „Art & Boutique Hotel" nicht weit vom Volksgarten. Reichhaltiges Frühstück.

147 [M18] **K1 Club**, Bismarckstraße 93, Tel. 87514375, www.k1-duesseldorf.de, geöffnet: tägl. 16 Uhr bis open end. Treff für Schwule und Lesben. Zahlreiche Parties und Veranstaltungen, z. B. jeden Samstag Party Night ab 23 Uhr.

148 [L17] **Queenz,** Charlottenstraße 62, www.facebook.com/queenzddorf. Partylocation, die im Sommer auch Beachpartys veranstaltet.

› Weitere Infos unter www.duesseldorf-tourismus.de/schwule-und-lesben.

Medizinische Versorgung

149 [M18] **Apotheke im Hauptbahnhof,** Konrad-Adenauer-Platz 14, Tel. 365626, geöffnet: Mo.–Fr. 7–20 Uhr, Sa. 8–20 Uhr, So. 10–18 Uhr.

150 [L13] **Marien-Hospital Düsseldorf,** Rochusstraße 2, Tel. 44000

151 [P15] **MEDECO Zahnklinik Düsseldorf Zentrum,** Grafenberger Allee 136, Tel. 6011111

152 [L24] **Uniklinik Düsseldorf,** Moorenstraße 5, Tel. 8100

Mit Kindern unterwegs

40 [G7] **Aquazoo-Löbbecke Museum.** Die einzigartige Verbindung aus Museum und Aquarium/Terrarium ist besonders bei Kindern sehr beliebt.

153 [O24] **Café Südpark,** In den großen Banden 58, Tel. 8825844064, www.wfaa.de/entspannen-und-einkaufen/der-suedpark/cafe-suedpark, geöffnet: tägl. 11–18 Uhr, Küche bis 17 Uhr. Der wohl familienfreundlichste Betrieb der Stadt mit Terrasse, Spielplatz, Streichelzoo und Minigolfplatz ist im Südpark gelegen. Im Café gibt es leckere Speisen und Getränke, im Hofladen Bio- und Naturprodukte.

› **Marionettentheater** (s. S. 91). Seit 1956 finden hier hochkarätige Inszenierungen statt. Der Spielplan bietet vom einfachen Märchen für Kinder bis hin zu „Literaturtheater“ große Abwechslung für Zuschauer jeden Alters.

› **Puppentheater** (s. S. 91). Stücke für die ganz Kleinen ab 2 ½ Jahren und die etwas größeren Kinder (bis 11 Jahre). Die Stücke dauern meist zwischen 35 und 40 Minuten.

› **Schifffahrtmuseum** (s. S. 70). Im Burgturm befindet sich das Schifffahrtmuseum, das 2000 Jahre Rheinschifffahrt dokumentiert. In der obersten Etage befindet sich in der „Laterne“ des Turms ein Café mit Blick auf den Rhein.

Literaturtipp für Kinder

› *Sara Ebertz, „Düsseldorf – Wie geht das?“, J.P. Bachem Verlag, 2020. Wissenswertes zu Abläufen in der Stadt Düsseldorf, z. B. zu Polizei, Feuerwehr, Stadtwerken. Für Kinder ab 8 Jahren.*

Notfälle

Notrufnummern

› **Allgemeiner Notruf:** Tel. 112

› **Ärztlicher Bereitschaftsdienst:** Tel. 116 117

› **Feuerwehr:** Tel. 112

› **Polizei:** Tel. 110

› **Fundbüro:** Tel. 8993285

Ausweisverlust

Wird Bürgern der Schweiz oder Österreichs der **Ausweis gestohlen,** muss dies bei der örtlichen Polizei und der nächsten diplomatischen Vertretung des Heimatlandes (s. S. 118) gemeldet werden, um einen Ersatzreiseausweis für die Rückkehr ausgestellt zu bekommen.

Kartenverlust

Bei **Verlust der Debit/Giro-, Kredit- oder SIM-Karte** gibt es für Kartensperrungen eine **deutsche Zentralnummer. Aber Achtung:** Mit der telefonischen Sperrung sind die Karten zwar für die Bezahlung/Geldabhebung mit der PIN gesperrt, nicht jedoch für das **Lastschriftverfahren mit Unterschrift.** Man sollte daher auf jeden Fall den Verlust zusätzlich **bei der Polizei zur Anzeige bringen,** um gegebenenfalls auftretende Ansprüche zurückweisen zu können.

In **Österreich** und der **Schweiz** gibt es keine zentrale Sperrnummer, daher sollten sich Besitzer von in diesen Ländern ausgestellten Debit-/Giro- oder Kreditkarten vor der Abreise bei ihrem Kreditinstitut über den zuständigen Sperrnotruf informieren.

Generell sollte man sich immer die **wichtigsten Daten** wie Kartennummer und Ausstellungsdatum **separat notieren,** da diese unter Umständen abgefragt werden.

› **Deutscher Sperrnotruf:** Tel. +49 116116 oder Tel. +49 3040504050
› **Weitere Infos:** www.kartensicherheit.de, www.sperr-notruf.de

Öffnungszeiten

Kaufhäuser und **größere Geschäfte** in der Stadt haben von Mo. bis Sa. meist bis 20 Uhr geöffnet, **kleinere Läden** bzw. Geschäfte **außerhalb des Stadtzentrums** dagegen oft nur bis 18 Uhr. Sonntags sind Kaufhäuser und Geschäfte geschlossen.

080df Abb.: as©Tom Bayer

Düsseldorf lässt sich auch gut mit dem Rad erkunden

Radfahren

Die Stadt arbeitet kontinuierlich daran, Radfahren in Düsseldorf sicherer und attraktiver zu machen und das Radwegenetz auszudehnen. Umweltverbände bleiben allerdings dennoch kritisch: Trotz Absichtserklärungen der Politik hat sich die Situation noch nicht merklich verbessert.

Besonders schön ist eine **Radtour** am Rhein – vom Medienhafen über die Altstadt nach Kaiserswerth. Die Stadt hat eine Reihe von **Informationen und Broschüren** veröffentlicht, die das Radfahren in Düsseldorf erleichtern sollen. So werden unter dem Namen **„Tour D"** Routen für Radtouren empfohlen, die unter www.duesseldorf.de/radschlag/radtouren.html heruntergeladen werden können. Die Broschüren sind in den Touristinformationen erhältlich.

› **nextbike,** www.nextbike.de, Tel. 030 69205046, Preise: 30 Min. 1 €, 24

Stunden ab 9 €. Bei diesem deutschlandweiten Fahrradverleih muss man sich einmal registrieren und kann dann in verschiedenen Städten Fahrräder ausleihen. Die Registrierung ist bei der ersten Ausleihe oder online möglich. Die Räder stehen rund um die Uhr an zentralen Plätzen zur Nutzung bereit. One-way-Farradverleih: Man gibt das Rad einfach am nächst gelegenen Nextbike-Standort wieder ab.

•154 [M18] **Radstation Düsseldorf,** Hbf/Bertha-von-Suttner-Platz, Willi-Becker-Allee 8a, www.zwd.de/dienstleistungen/radstation, Tel. 5144711, geöffnet: Mo.–Fr. 7–20, Sa., So. 10–17 Uhr. Preis für einen Tag Ausleihe: 13 €.

Sicherheit

Düsseldorf weist kein besonders hohes Gefahrenpotenzial auf und es sind daher ähnliche **Sicherheitstipps** zu beherzigen, wie sie auch für andere deutsche Städte gelten.

Man sollte vor allem in Menschenmengen gut auf seine Wertsachen aufpassen, denn wie überall treiben auch in Düsseldorf **Trick- und Taschendiebe** ihr Unwesen. **Autofahrer** sollten keine Wertsachen im Wagen lassen – auch keine Navigationsgeräte oder Notebooks –, **Radfahrer** ihr Fortbewegungsmittel immer mit einem guten Schloss an Masten anketten.

Die Gegend rund um den **Bahnhof** ist nicht besonders einladend. Gegenüber dem Bahnhofsgebäude (Ausgang Konrad-Adenauer-Platz) befinden sich auch die Busstationen und hier halten sich – fast rund um die Uhr – **Obdachlose** auf. Aufgrund des konsumierten Alkohols wird dabei die Diskussion zwischen den einzelnen Personen ab und zu etwas lauter. Auch wenn hier bisher nichts passiert ist, fühlt sich der auswärtige Gast doch manchmal nicht so ganz wohl in seiner Haut.

176 [J15] **Polizeiwache Stadtmitte (Altstadt),** Heinrich-Heine-Allee 1, Tel. 8709113

Die „HopOn HopOff CityTour" führt vom Hauptbahnhof über die Altstadt in den Medienhafen (s. S. 47) und auf die andere Rheinseite nach Oberkassel 42

062df Abb.: hg

Stadttouren

- Die offiziellen **Tourismus-Büros** der Stadt bieten Stadttouren und -führungen wie beispielsweise einen Altstadtrundgang, einen Medienhafen-Rundgang oder eine Altbier-Safari an. In den Tourist-Informationen (s. S. 120) gibt es außerdem Informationen zu den täglich angebotenen Busrundfahrten – beispielsweise Stadtrundfahrt inklusive Auffahrt auf den Rheinturm oder „HopOn HopOff CityTour".
- **Düsseldorf entdecken,** Tel. 26130479, www.duesseldorf-entdecken.de. Die Stadtführerin Anja Kühner bietet Stadtführungen und Erlebnistouren, z. B. Brauhaustouren an. So führt sie Gruppen zu Fuß durch die Altstadt, den Medienhafen und verschiedene Stadtteile von Düsseldorf.
- •155 [I16] **KD,** Rheinuferpromenade (Rheinwerft), www.kd-duesseldorf.de/panoramafahrten.html, Anfang April bis Ende Oktober täglich um 10.30, 12, 13.30, 15, 16.30 und 18 Uhr. Einstündige Schiffsausflüge zwischen Medienhafen, Altstadt und Messe. An Bord werden die Sehenswürdigkeiten erklärt.
- •156 [I16] **Weiße Flotte,** Rathausufer/Pegeluhr, Büro auf der MS Allegra, Untere Rheinwerft, Tel. 326124 (während der Hauptsaison), www.w-flotte.de. Panoramafahrt zwischen Rathausufer/Pegeluhr in Richtung Medienhafen und weiter rheinabwärts bis zur Theodor-Heuss-Brücke (und wieder zurück) von Frühjahr bis Herbst Mi.–Fr. 12.15, 13.30, 14.45, 16 und 17.15 Uhr, Sa., So. zusätzlich 11 Uhr. Bitte die genauen Daten, wann die Hauptsaison beginnt/endet, erfragen (ganzjährig unter der Telefonnummer 308672), denn die Zeiten variieren jedes Jahr. Bei gutem Wetter evtl. auch im Winter Fahrten.

Unterkunft

Düsseldorf ist eine **Messestadt** und daher sind die Preise für Unterkünfte an vielen Terminen recht hoch und die günstigen Hotels sind dann bereits lange im Voraus ausgebucht. **Preiswerte Alternativen** sind Hostels, Jugendherbergen, private Zimmer oder die Mitwohnzentrale. Informationen, wann Messen stattfinden, findet man unter www.messe-duesseldorf.de. **Außerhalb von Messezeiten** gibt es aber auch in Düsseldorf gute Hotels bereits zu günstigen Preisen.

Informationen über Unterkünfte und die Möglichkeit zur Buchung gibt es z. B. bei den **Tourist-Informationen** (s. S. 120). Man kann aber auch online unter www.duesseldorf-tourismus.de/buchen/hotels oder telefonisch unter Tel. 17202854 buchen.

Das Hotel Achenbach (s. S. 126) – eine kleine Villa mit 16 Zimmern

077df Abb.: ck

Preiskategorien Unterkünfte

Die angegebenen Preiskategorien beziehen sich auf Doppelzimmer inkl. Frühstück. Bei manchen Unterkünften kann Frühstück aber optional gewählt werden. Der Preis dafür ist dann extra angegeben.

€	bis 70 €
€€	70 bis 130 €
€€€	130 bis 180 €

Hotels

157 [J20] **Derag Livinghotel Düsseldorf** €€, Kirchfeldstraße 59–61, Tel. 417290, https://www.living-hotels.com/hotel-duesseldorf. **Zimmer mit kleiner Küche:** Das moderne Hotel befindet sich in Unterbilk, trotzdem ist man schnell in der Altstadt.

066df Abb.: hg

158 [P14] **Hotel Achenbach** €€, Achenbachstraße 17, Tel. 669090, www.villa-achenbach.de. **Ruhig und persönlich:** Eine schöne alte Villa im exklusiven Zooviertel mit nur 16 Zimmern, die im viktorianischen Stil eingerichtet sind. Das Hotel ist mit öffentlichen Verkehrsmitteln gut zu erreichen und ist ruhig gelegen. Umfangreiches Frühstück.

159 [K14] **Hotel am Hofgarten** €€, Arnoldstraße 5, Tel. 491990, www.hotel-am-hofgarten.de. **Zentral gelegen:** Das Hotel liegt nur einen Katzensprung vom Hofgarten, dem schönsten Park Düsseldorfs, entfernt. Zu Fuß sind es nur ca. 10 Minuten in die Altstadt. Insgesamt 24 Zimmer in zwei Kategorien – Standard und Comfort. Einige verfügen über Betten in Überlänge. Umfangreiches Frühstück.

160 [L22] **Hotel Auszeit** €€, Auf'm Hennekamp 71, Tel. 3020590, www.auszeit-hotel.de. **Tolles Frühstück:** Modernes Hotel mit 54 Zimmern in Bilk. Die Zimmer sind stilvoll in Bordeaux und dunklem Grau eingerichtet. Das Frühstück kann man bei schönem Wetter auch auf der Terrasse genießen.

161 [L14] **Hotel Berial** €€, Gartenstraße 30, Tel. 4900490, www.hotelberial.de. **Für die ganze Familie:** Das Hotel mit 40 Zimmern (insgesamt 59 Betten) liegt verkehrsgünstig nicht weit von Schloss Jägerhof bzw. dem Hofgarten entfernt. Zur Altstadt und zum Rhein sind es nur ein paar Minuten. Reichhaltiges Frühstück.

162 [N17] **Hotel Friends** €€, Worringer Straße 94–96, http://hotelfriendsdus.wixsite.com/duesseldorf, Tel. 1793090. **Gutes Preis-Leistungs-Verhältnis:** Nicht weit vom Bahnhof entfernt bietet das Hotel Friends 39 Zimmer auf 6 Etagen. Jede Etage ist unterschiedlich gestaltet

◁ Das Hotel Orangerie liegt neben dem Stadtmuseum in der Carlstadt

und kein Raum sieht aus wie der andere. Mal wohnt man puristisch, mal klassisch, mal eher barock. Es gibt die Zimmer in drei Kategorien – friends, good friends und best friends – und auch besonders gestaltete Räume für Paare oder Alleinerziehende mit Kind. Frühstück ist für 15 € optional buchbar.

163 [K19] **Hotel Hillesheim** €€, Jahnstraße 19, Tel. 386860, www.hotel-hillesheim.de. **Vierbeiner willkommen:** Kleines inhabergeführtes Hotel mit nur 15 Zimmern. Jeder Raum ist modern und individuell eingerichtet, kleine Hunde sind willkommen, allerdings muss der Besuch der Vierbeiner vor der Anreise angemeldet werden.

164 [I17] **Hotel Orangerie** €€€, Bäckergasse 1, Tel. 866800, www.hotel-orangerie-mcs.de. **Stilvoll und zentral:** Ein Juwel mit klassizistischer Fassade in der Altstadt direkt am Spee'schen Palais. Gleich neben der alten Orangerie und in einem Teil der Altstadt ohne Durchgangsverkehr. Es gibt nur acht Doppel- und 19 Einzelzimmer. Stilvoll eingerichtet – eine Kombination aus modern und alt.

165 [L18] **Max Hotel Garni** €€, Aderstraße 65, Tel. 386800, www.max-hotelgarni.de. **Gutes Preis-Leistungs-Verhältnis:** Kleines Hotel mit nur 11 einfachen, aber individuell eingerichteten Zimmern. Nur 600 m von der Königsallee gelegen.

166 [L17] **me and all hotel düsseldorf** €€, Immermannstraße 23, Tel. 542950, https://duesseldorf.meandallhotels.com. **Trendiges Hotel mit Raum für Begegnungen:** Neben der Lobby gibt es Chill-out Areas und Coworking Spaces. Regelmäßig finden Veranstaltungen statt.

167 [K14] **Meliá Hotel** €€€, Inselstraße 2, Tel. 522840, www.melia.com/de/hotels/deutschland/dusseldorf/melia-dusseldorf/index.html. **Hotel mit Wellnessbereich:** modernes Hotel in avantgardistischem Design. Es liegt direkt am Hofgarten und verfügt über 201 Zimmer auf zehn Etagen. In wenigen Minuten gelangt man zu Fuß in die Altstadt und weiter an den Rhein. Die Zimmer sind geräumig und komfortabel ausgestattet. Da die Zimmer zur Hauptstraße etwas hellhörig sind, besser nach einem Zimmer hinten raus fragen. Zum Hotel gehören die Purple-Lounge und das AQUA Restaurant sowie ein großzügiger Wellnessbereich.

168 [M16] **Sir & Lady Astor Hotel** €€, Kurfürstenstraße 18–23, Tel. Tel. 173370, www.sir-astor.de. **Persönlich geführt:** Das charmante Hotel besteht aus zwei Gebäuden. Die 21 Zimmer des Sir Astor sind nach dem Motto „Schottland trifft auf Afrika" eingerichtet. Die 16 Zimmer des Lady Astor sind gemütlich wie ein B&B ausgestattet.

169 [J17] **Townhouse Düsseldorf** €€, Bilker Straße 36, Tel. 447500, www.townhouseduesseldorf.de. **Zentrale Lage:** Altstadt, Rheinufer und Königsallee sind vom Hotel aus gut zu Fuß zu erreichen. Es bietet 30 Zimmer, davon 27 mit Küchenzeile.

EXTRAINFO

Buchungsportale

Neben Buchungsportalen für **Hotels** (z. B. www.booking.com, www.hrs.de oder www.trivago.de) bzw. für **Hostels** (z. B. www.hostelworld.de oder www.hostelbookers.de) gibt es auch Anbieter, bei denen man **Privatunterkünfte** buchen kann. Portale wie www.airbnb.de, www.wimdu.de oder www.9flats.com vermitteln Wohnungen, Zimmer oder auch nur einen Schlafplatz auf einer Couch. Diese oft recht günstigen Übernachtungsmöglichkeiten sind nicht unumstritten, weil manchmal normale Wohnungen gewerblich missbraucht werden. Einige Städte greifen deshalb regulierend ein.

EXTRATIPP

Privatzimmer

- Neben den bekannten Vermittlern von Privatunterkünften werden auch unter www.deutsche-pensionen.de/pension-duesseldorf private Gästezimmer angeboten. Vor allem während der Messezeiten sind hier günstige Unterkünfte buchbar.
- Auch die **Mitwohnzentrale** bietet preiswerte Zimmer bzw. Wohnungen an (Tel. 9892150, www.bed-and-breakfast.de).

Jugendherberge/Hostel

170 [K19] **Backpackers-Düsseldorf** €, Fürstenwall 180, Tel. 3020848, www.hostel-duesseldorf.de. Das Hostel verfügt über insgesamt 60 Betten und ist zentral gelegen.

171 [M18] **CVJM** €, Graf-Adolf-Straße 102, Tel. 172850, www.cvjm-duesseldorf-hotel.de. Der christliche Verein junger Menschen liegt direkt am Bahnhof. Insgesamt 38 Zimmer mit 48 Betten.

172 [G16] **Jugendherberge** €, City Hostel, Düsseldorfer Straße 1, Oberkassel, Tel. 557310, www.jugendherberge.de/jugendherbergen/duesseldorf-442/portraet. Die 96 Zimmer (368 Betten), davon 25 Doppelzimmer, der Jugendherberge sind hell und freundlich eingerichtet. Es gibt ein hauseigenes Bistro und eine Gartenterrasse. Die Unterkunft befindet sich in Oberkassel auf der anderen Rheinseite (schräg gegenüber der Altstadt bzw. dem Medienhafen) und ist mit öffentlichen Verkehrsmitteln gut zu erreichen.

Düsseldorfs Altstadtgassen sind gespickt mit Kneipen, in denen es manchmal etwas rustikaler zugeht

Campingplätze

173 [B9] **Campingplatz Düsseldorf-Lörick,** Niederkasseler Deich 305, Tel. 591401, www.duesselcamp.de, geöffnet: April–Sept., Stellplatz pro Tag: Caravan (bis 6,50 m Höhe) 9 €, Wohnmobil (bis 6,50 m) 9 €, Zelt 6 €, zuzüglich Strom und Müllentsorgung. Personen 6 € (bis 12 Jahre 4 €), Strom 3 €. Hunde erlaubt (3 €). Bei Events oder Messen Pauschalpreis für Caravan/Womo/Zelt inklusive 2 Personen 30 €, Pkw 6 €. Schön in den Rheinauen gelegener Campingplatz mit Blick zum Hafen.

174 **Campingplatz Zweckverband Unterbacher See,** Kleiner Torfbruch 31, Unterbach, Tel. 8992038, www.unterbachersee.de/camping.html, geöffnet: von Ende März bis Ende Oktober, Rezeption geöffnet tägl. 8–13 und 15–18 Uhr, Stellplatzkosten pro Tag: Wohnwagen/-mobil (max. 7 m Länge) 15 € inklusive Strom, Zelt ab 9 €, Personen pro Tag: 5–13 Jahre 3,50 €, ab 14 Jahren 6,50 €. Am Unterbacher See gelegener Campingplatz mit 65 Touristenplätzen. Ein modernes Sanitärgebäude, ein Kiosk und ein Fahrradverleih sind vorhanden. Vom Campingplatz besteht unmittelbarer Zugang zum Strandbad (Benutzung in der Stellplatzgebühr inklusive). Hunde sind nur in bestimmten Bereichen (Camping Nord) gestattet.

175 [E7] **Caravan-Center Messe Düsseldorf,** Stockumer Kirchstraße 61, Parkplatz 1, Feld Nr. 13, Stockum, Tel. 456001, www.caravan-salon.de, geöffnet: nur bei bestimmten Messen. Caravan-Center für Wohnwagen und Wohnmobile in Nähe der Messe. 600 Plätze mit, 1200 ohne Strom. Während der Messezeiten pendelt ein Shuttlebus zwischen dem fünf Gehminuten entfernten Messegelände und dem Caravan-Center.

Verhaltenstipps

063df Abb.: hg

- Für manche ist es Spaß, für einige jedoch auch Ernst: Zwischen **Düsseldorf und Köln** besteht eine **Rivalität**, die auf die Stadterhebung von 1288 zurückgeht. Vor allem in den Hofbrauereien sollte man aufpassen: In Düsseldorf wird Alt getrunken, also auf keinen Fall ein Kölsch bestellen.
- Die direkte Art in den **Hausbrauereien** kann manchem Gast etwas forsch vorkommen. Die Köbesse (Kellner) sind nicht unbedingt für ihre Höflichkeit bekannt und etwas salopp auch schnell beim „Du". Man sollte hier nicht jedes Wort auf die Goldwaage legen. Überhaupt sind Hausbrauereien ein Ort, wo der Gast schnell mit anderen ins Gespräch kommt.

Verkehrsmittel

Straßenbahn, U-Bahn, Bus

Für den öffentlichen Nahverkehr in Düsseldorf ist die **Rheinbahn** zuständig, die zum **Verkehrsverbund Rhein-Ruhr** gehört. Im gesamten VRR-Raum sind die Tarife und Tickets gleich. Man erhält die **Tickets** für den öffentlichen Nahverkehr an den **Fahrkartenautomaten** der Haltestellen oder auch in den **Kundencentern** der Rheinbahn. Auch über die **App Rheinbahn** (s. S. 120) können Tickets gelöst werden. In den **Straßen- und U-Bahnen** gibt es auch in den Fahrzeugen noch Automaten. Im **Bus** sind nur Einzeltickets erhältlich. Letztere sind bereits entwertet, alle anderen Tickets müssen an den Eingängen zur U-Bahn-Haltestelle bzw. in den Straßenbahnen noch **abgestempelt** werden. **Kurzstreckentickets (K)** gelten nur für eine begrenzte Anzahl von Haltestellen (meist drei). Bis wohin genau, ist an der jeweiligen Haltestelle ausgewiesen. Mit einem Ticket für die **Zone A** kann man im ganzen Stadtgebiet fahren. Ein Kurzstreckenticket kostet 1,70 €, ein Ticket Stufe A 2,80 €. Das 24-Stunden-Ticket (ab Entwertung) kostet 7,20 € für 1 Person und 10,70 € für 2 Personen. Besonderer Service in der Nacht: Über Funk kann der Straßenbahn- oder Busfahrer einem ein Taxi an die Haltestelle rufen.

- **Rheinbahn KundenCenter,** Heinrich-Heine-Allee 23, Tel. 0180 6504030 (20 Cent pro Minute aus dem deutschen Festnetz, 60 Cent pro Minute aus dem Mobilfunknetz), www.rheinbahn.de, geöffnet: Mo.–Do. 8.30–17, Fr. 8.30–15 Uhr

- **Rheinbahn KundenCenter,** Hauptbahnhof [M18], Immermannstraße 65 a–d, geöffnet: Mo.–Do. 8.30–17, Fr. 8.30–15 Uhr
- Infos zu Verbindungen und Fahrplänen erhält man auch auf den Websites der ÖPNV-Anbieter **www.rheinbahn.de** und **www.vrr.de.**

Taxi

Taxis findet man in Düsseldorf wie überall sonst auch an den **zentralen Plätzen** oder man kann sie auf der Straße **heranwinken.** Wer ein Taxi **telefonisch** bestellen möchte, kann dies zum Beispiel unter Tel. 33333 oder Tel. 212121 tun.

Wetter und Reisezeit

In Düsseldorf gibt es relativ **warme Sommer** und eher **milde Winter.** Im Winter liegen die Temperaturen durchschnittlich bei 0 bis 4 °C. Im Sommer kann es tagsüber bis zu 30 °C heiß werden – mit lauen Nächten. Die Stadt hat zu jeder Jahreszeit etwas zu bieten. Im Februar/März findet der **Karneval** statt. **Ab Mitte April** beginnt dann die **Hauptreisezeit,** die bis Ende Oktober geht. Es gibt während dieser Zeit zahlreiche kulturelle Veranstaltungen und in der Vorweihnachtszeit (ab Mitte November) lockt der Weihnachtsmarkt viele Besucher in die Stadt.

Durchschnitt	Wetter in Düsseldorf											
Maximale Temperatur	5°	6°	10°	13°	19°	21°	23°	24°	20°	15°	9°	6°
Minimale Temperatur	0°	0°	2°	4°	9°	12°	14°	14°	11°	8°	4°	2°
Regentage	13	10	12	11	11	11	10	10	10	9	12	13
	Jan	Febr	März	Apr	Mai	Juni	Juli	Aug	Sept	Okt	Nov	Dez

ANHANG

068df Abb.: hg

Register

T

U

V

W

Z

Die Autorin

Christine Krieb ist begeisterte Neu-Düsseldorferin. Vor 20 Jahren verschlug es sie aus dem süddeutschen Raum ins Rheinland. Neugierig auf ihr neues Zuhause, begann sie, Düsseldorf genau zu erkunden – und zwar zu Fuß. Dabei lernte sie nicht nur die klassischen Sehenswürdigkeiten kennen, sondern entdeckte auch viel Interessantes abseits der Touristenpfade. Schließlich machte sie ihr Hobby zum Beruf, ließ sich zur Stadtführerin ausbilden und zeigte Besuchern aus aller Welt ihre neue Heimat. Selbst Düsseldorfer lernten auf ihren Touren so manches Viertel noch einmal von einer ganz anderen Seite kennen. Seit vielen Jahren ist sie zudem als Journalistin tätig und beschäftigt sich dabei inzwischen vor allem mit Düsseldorf – und seinen kulinarischen Seiten.

Schreiben Sie uns

Dieses Buch ist gespickt mit Adressen, Preisen, Tipps und Daten. Unsere Autoren recherchieren unentwegt und erstellen alle zwei Jahre eine komplette Aktualisierung, aber auf die Mithilfe von Reisenden können sie nicht verzichten. Darum: Teilen Sie uns bitte mit, was sich geändert hat oder was Sie neu entdeckt haben. Gut verwertbare Informationen belohnt der Verlag mit einem Sprachführer Ihrer Wahl aus der Reihe „Kauderwelsch".

Kommentare übermitteln Sie am einfachsten, indem Sie die Web-App zum Buch aufrufen (siehe Umschlag hinten) und die Kommentarfunktion bei den einzelnen auf der Karte angezeigten Örtlichkeiten oder den Link zu generellen Kommentaren nutzen. Wenn sich Ihre Informationen auf eine konkrete Stelle im Buch beziehen, würde die Seitenangabe uns die Arbeit sehr erleichtern. Unsere Kontaktdaten entnehmen Sie bitte dem Impressum.

Impressum

Christine Krieb

CityTrip Düsseldorf

5., neu bearbeitete und aktualisierte Auflage 2021

ISBN 978-3-8317-3430-6

Druck und Bindung:
mediaprint solutions GmbH, Paderborn

Herausgeber: Klaus Werner
Layout: amundo media GmbH (Umschlag, Inhalt), Peter Rump (Umschlag)
Lektorat: amundo media GmbH
Karten: Ingenieurbüro B. Spachmüller, amundo media GmbH
Anzeigenvertrieb: KV Kommunalverlag GmbH & Co. KG, Alte Landstraße 23, 85521 Ottobrunn, Tel. 089 928096-0, info@kommunal-verlag.de
Kontakt: Osnabrücker Str. 79, 33649 Bielefeld, info@reise-know-how.de

Alle Angaben in diesem Buch sind gewissenhaft geprüft. Preise, Öffnungszeiten usw. können sich jedoch schnell ändern. Für eventuelle Fehler übernehmen Verlag wie Autorin keine Haftung.

Bildnachweis

Umschlagvorderseite: stock.adobe.com©janvier | Umschlagklappe rechts: stock.adobe.com©pure-life-pictures
Soweit ihre Namen nicht vollständig am Bild vermerkt sind, stehen die Kürzel an den Abbildungen für die folgenden Fotografen, Firmen und Einrichtungen. Helge Gritzke: hg | Christine Krieb: ck | stock.adobe.com: as

Liste der Karteneinträge

Hier nicht aufgeführte Nummern liegen außerhalb der abgebildeten Karten. Ihre Lage kann aber wie die von allen Ortsmarken im Buch mithilfe der Web-App angezeigt werden (s. S. 143).

Zeichenerklärung

- Hauptsehenswürdigkeit
- [J16] Verweis auf Planquadrat im City-Faltplan

- Arzt, Apotheke, Krankenhaus
- Bar, Bistro, Klub, Treffpunkt
- Café
- Denkmal
- Fischlokal
- Friedhof
- Galerie
- Geschäft, Kaufhaus, Markt
- Hotel, Unterkunft
- Imbiss
- Informationsstelle
- Jugendherberge, Hostel
- Kirche
- Kneipe, Pub, Biergarten
- Museum
- Musikszene, Disco
- Parkplatz/-haus
- Polizeistation
- Restaurant
- Sonstiges
- Theater
- Vegetarisches Restaurant
- Weinlokal
- Zeltplatz/Camping

- U-Bahn
- S-Bahn
- Straßenbahn

- Stadtspaziergang 1 (s. S. 12)
- Stadtspaziergang 2 (s. S. 15)
- Shoppingareal
- Gastro- und Nightlife-Areale

Düsseldorf mit PC, Smartphone & Co.

QR-Code auf dem Umschlag scannen oder **www.reise-know-how.de/citytrip/duesseldorf21** eingeben und die **kostenlose Web-App** aufrufen (Internetverbindung zur Nutzung nötig)!

★**Anzeige der Lage und Satellitenansicht aller** beschriebenen Sehenswürdigkeiten und weiteren Orte
★**Routenführung** vom aktuellen Standort zum gewünschten Ziel
★**Exakter Verlauf** der empfohlenen Stadtspaziergänge
★**Updates** nach Redaktionsschluss

GPS-Daten zum Download

Die GPS-Daten aller Ortsmarken und Spaziergänge können hier geladen werden: www.reise-know-how.de, dann das Buch aufrufen und zur Rubrik „Datenservice" scrollen.

Stadtplan für mobile Geräte

Um den Stadtplan auf Smartphones und Tablets zu nutzen, empfehlen wir die App „Avenza Maps" der Firma Avenza™. Über die Funktion „Store" kann die „Citymap Dusseldorf 2021" kostenlos geladen werden.

Die Web-App und der Zugriff auf diese über QR-Codes sind eine freiwillige, kostenlose Zusatzleistung des Verlages. Der Verlag behält sich vor, die Bereitstellung des Angebotes und die Möglichkeit der Nutzung zeitlich und inhaltlich zu beschränken. Der Verlag übernimmt keine Garantie für das Funktionieren der Seiten und keine Haftung für Schäden, die aus dem Gebrauch der Seiten resultieren. Es besteht ferner kein Anspruch auf eine unbefristete Bereitstellung der Seiten.

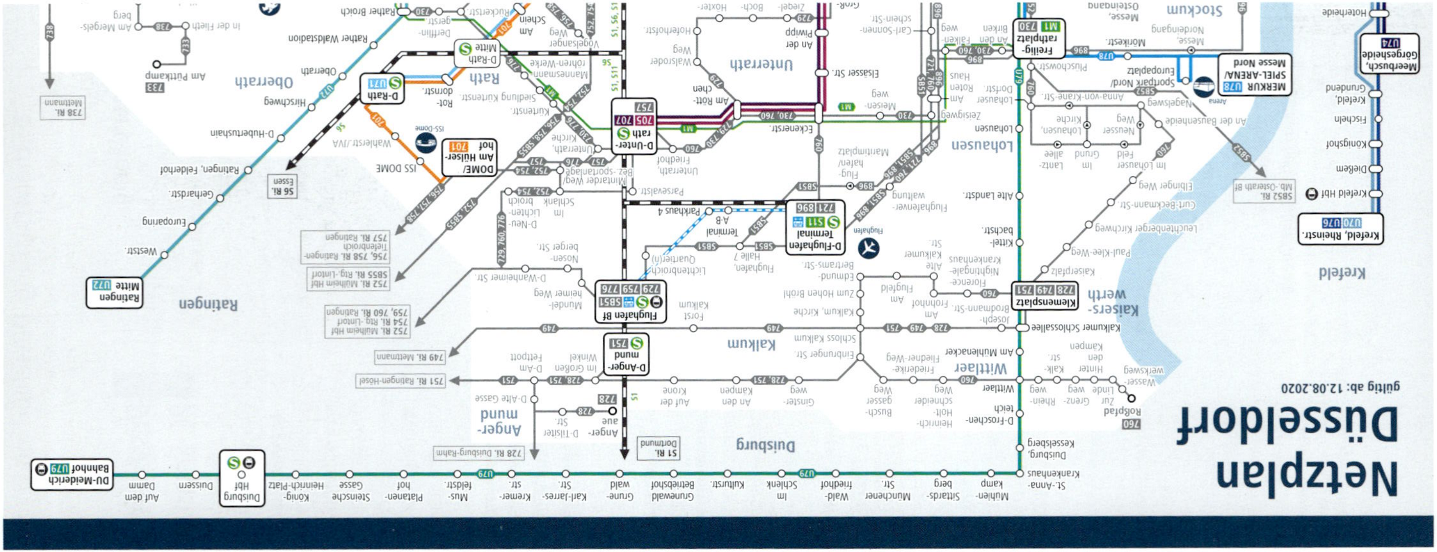

Diesem CityTrip-Band wurde hier ein herausnehmbarer Faltplan beigefügt. Sollte er beim Erwerb des Buches nicht mehr vorhanden sein, fragen Sie bitte bei Ihrem Buchhändler nach.